Johannes Lenz · Die Konfirmation

Johannes Lenz

Die Konfirmation

Von der Kindheit zur Jugend

Urachhaus

CIP-Kurztitelaufnahme der Deutschen Bibliothek

Lenz, Johannes

Die Konfirmation : von d. Kindheit zur Jugend
Johannes Lenz. – Stuttgart : Urachhaus, 1984

ISBN 3-87838-397-5

3. Auflage 2000

ISBN 3 87838 397 5

Satz und Druck der Offizin Chr. Scheufele, Stuttgart.

Inhalt

Vorwort

Zur Erneuerung des christlich-religiösen Lebens, wie es die Christengemeinschaft pflegt, gehören die sieben Sakramente. Sakramente sind Zeichentaten, die Jesus Christus zunächst als Taufe und Abendmahl zu Lebzeiten eingesetzt hat. Nach seinem Tode und seiner Auferstehung hat er die Stiftung fortgesetzt. Im Laufe der zweitausendjährigen Geschichte des Christentums ist ihre Gestalt herangereift und im 20. Jahrhundert erneuert worden.

Sakramente sind kultisches Bild. Sie haben einen gleichbleibenden kultischen Wortlaut und sind Tat. Als solche begleiten sie die Schwellenereignisse im Leben des Menschen. Wichtige Stationen im natürlichen Lebenslauf sind mit sakramentalen Taten verbunden, die das übernatürliche Leben initiieren. Die Taufe folgt auf die Geburt, die heilige Ölung bereitet auf den Tod und den Schwellenübergang in die geistige Welt vor. Die Beichte hilft dem Christen, ein Lernender zu bleiben und sein persönliches Leben dank der Gnade Christi zu führen. Die Trauung segnet die Ehe und weitet sie zur sakramentalen Lebensgemeinschaft. Die Priesterweihe führt kultisch in den Beruf eines Pfarrers in einer Gemeinde ein und ermöglicht das Zelebrieren der Sakramente und Rituale. Die Menschenweihehandlung steht als Gottesdienst mitten im Leben der Gemeinde, ja, sie bringt das Leben einer Gemeinde aus sich hervor. Die Konfirmation steht an der Schwelle von der Kindheit zur Jugend.

Von diesem Sakrament, das aus der Kindheit ins Jugendalter führt und die Weihe der Jugend schenkt, soll hier gesprochen werden. Die Urweisheit der Menschheit hat immer Riten und Handlungen gekannt, die diesen Schwellenübergang vom Kindsein in das Erwachsenenalter begleitet haben. Aber auch die Ideologien des 20. Jahrhunderts verzichten nicht auf feierliche Formen dieses Überganges von der Kindheit zur Jugend.

Im reinen Urbild erscheint die Weihe zur Jugend im Sakrament der Konfirmation. Diese soll im folgenden für Eltern und Paten, aber auch für die Jugendlichen selbst und alle, die diesen wichtigen Schritt helfend begleiten wollen, dargestellt werden.

Voraussetzungen der Konfirmation

»Confirmare« heißt im Lateinischen festmachen, stärken, kräftigen, bestätigen, geistig ermutigen, in der Treue befestigen. Schon der Name »Konfirmation« weist darauf hin, daß sie etwas stärkt, bekräftigt, verlebendigt und erneuert, was schon da ist und was in dem Kinde lebt.

In der Folge der sieben Sakramente ist die Konfirmation das zweite. Sie setzt die Taufe voraus. Und denkt man das Sakrament nicht nur als einen einmaligen Akt, sondern als einen Initiationsakt, d.h. als eine Handlung, die einen Anfang (initium) bewirkt, dann kann man auch die Fortsetzung und damit den begonnenen Prozeß verstehen. Wenn wir auf die Idee der Sache blicken und lernen, die Idee als Ideal zu empfinden, so hat die Konfirmation mehrere Voraussetzungen. Zunächst ist die Taufe zu nennen, dann eine christlich-orientierte Kindheit, des weiteren die Teilnahme an der Sonntagshandlung für die Kinder und schließlich die religiöse Unterweisung, die zugleich die Vorbereitung der Konfirmation darstellt. Wir können hier nicht des Näheren auf die Taufe eingehen. In meinem Buch: »Die Taufe – Das Sakrament der Christwerdung« findet man eine ausführliche Darstellung des Taufsakramentes und seines Lebenszusammenhanges.[1] Soviel sei einführend gesagt:

1 Johannes Lenz, Die Taufe – Das Sakrament der Christwerdung, Stuttgart 1991.

Wenn Eltern ein Kind zur Taufe tragen, dann fügen sie aus freiem Entschluß zur leiblichen Menschwerdung und zu der sozialen Tatsache der Ankunft eines Kindes in Familie, Verwandtschaft und Volk den Anfang der Christwerdung hinzu. Die Taufe bringt das Kind in einen sakramentalen Lebenszusammenhang mit Christus.

In der Christengemeinschaft wird die erneuerte Taufe vollzogen, die zunächst Kindertaufe ist. Nach mehreren vorbereitenden Taufgesprächen mit Eltern und Paten wird dann die Taufe gefeiert. Dabei versammelt sich die Taufgemeinde. Der Priester, der im Kultus den Geist der Gemeinde trägt, betet zunächst darum, die Seele dieses Kindes in die Gemeinde des Christus Jesus führen zu können. Die Taufgemeinde empfängt diese Seele. Sie übernimmt die Aufgabe, das kleine Kind auf seinem Weg in die Gemeinde zu tragen und helfend zu geleiten. Die christliche Gemeinde hütet und fördert in Gemeinsamkeit mit den Eltern und den Paten die Kindheit, damit das Bestimmungsziel des Menschen, einmal wahrhaft dem Geiste zu leben und zu dienen, erreicht werden kann. Die beiden Paten – im allgemeinen sind es zwei – treten in ihre Aufgabe und in ihr Patenamt ein. Sie sollen die Seele auf deren Weg führen und sie in deren kindgemäßen Religiosität fördern. Von ihnen wird das Opfer erwartet, hingebungsvoll für dieses Kind dazusein, auch wenn keine leiblichen Bande der Verwandtschaft bestehen. Dann empfängt das Kind seinen Namen. Schließlich folgt die Taufe mit den geweihten Substanzen, dem Wasser, dem Salz und der Asche. Im Namen der göttlichen Dreifaltigkeit wird dreifach das Zeichen des Kreuzes über dem Kinde gezogen. Die Gebetssubstanz der Gemeinde strömt auf das Kind über. Der Abschluß der Taufe weist in die nächste Zukunft, in die alle, die zur Taufgemeinde gehören, die Seele leiten sollen. Als Ideal für diese Leitung kann angestrebt werden, daß eine jeder Entwicklungsstufe des Kindes gemäße Lebensbeziehung zu Christus und seiner Gemeinschaft auf Erden möglich ist.

Wenn Eltern sich mit der Taufe zu einer solchen Leitung und Förderung der Kindesseele entschließen, dann verwirklichen sie eine Kindheit, die unter dem Vorzeichen des gelebten Christentums steht.

Das Beten über dem Kind und später mit dem Kind, das Tischgebet und die Festzeiten des Jahres[2] können das Leben der Familie in einen Strom von Substanz einhüllen, welcher dem Taufquell entspringt. Als Anregung und Beispiel, wie für Sechs- bis Neunjährige die Substanz des Evangeliums zu Hause, in der Familie vermittelt werden kann, sei das Büchlein »Geschichten zu den Jahresfesten« empfohlen.[3] Für die phantasie- und sittenbildende Initiative liegt ein weites Feld möglichen Gestaltens vor uns. Die Kinder werden dankbar und offen aufnehmen, was durch die Eltern als Hinweis auf Christus geschieht.

Im zweiten Jahrsiebt beginnt der Religionsunterricht. An den Sonntagen findet der kultische Gottesdienst für die Kinder statt, die Sonntagshandlung. Hier kann auf die Schrift »Der Gottesdienst für die Kinder«[4] verwiesen wer-

2 Emil Bock, Der Kreis der Jahresfeste, Stuttgart [6]1999.

3 Irene Johanson, Geschichten zu den Jahresfesten, Stuttgart 1982; Brigitte Barz, Feiern der Jahresfeste mit Kindern, Stuttgart [6]1996.

4 Johannes Lenz, Der Gottesdienst für die Kinder, Stuttgart 1982.

den. Andachtsübung vor dem Altar und Religionsunterricht entsprechen einander und sind aufeinander bezogen. Nimmt das Kind sieben Jahre an beidem teil, dann fließt der Taufstrom weiter. Die Seele taucht jeden Sonntag in diesen Strom ein. Das Kind lernt gemäß seinem Bewußtsein im Unterricht, die Natur als Schöpfung zu sehen und die Heilsgeschichte durch das Alte Testament zu erfahren.

Dann hört es vom Erdenleben und den Heilstaten Jesu Christi, bis es vor der Konfirmation auch ein ganzes Evangelium aufnehmen darf. Vertrautheit mit dem Leben Jesu und Innigkeit des Herzens können sich heranbilden. Im 14. Lebensjahr kann dann konfirmiert und bekräftigt werden, was sich von der Taufe an über die christliche Kindheit hindurch in Sonntagshandlung und religiöser Unterweisung entfaltet hat.

Vorhof der Konfirmation

Die letzte Kindheit – die erste Jugend

Die Lebensalter des Menschen stehen in einem inneren Zusammenhang mit den christlichen Festzeiten. Diese sind ja Ausdruck bestimmter Ereignisse und Tatsachen im Erdenleben Jesu Christi, die sich auch heute unter uns vergegenwärtigen können. Und wie sollte nicht die urbildliche Zusammenfassung des Menschseins überhaupt, die in Jesus Christus Person und Gestalt angenommen hat, mit dem Leben des einzelnen Menschen in einem – wenn auch zunächst verborgenen – Zusammenhang stehen?

Am naheliegendsten ist die Verbindung jeder menschlichen Geburt mit der Geburt Jesu auf Erden. In Maria und Joseph erscheinen die Urbilder des Fraulichen und Männlichen, des Mütterlichen und Väterlichen. Sie bilden mit dem Kind zusammen auch das Bild der heiligen Familie. Dieses Leitbild hat durch 2 000 Jahre hindurch an der Familienseele[5], an dem Familiensinn und – befruchtend und besänftigend – am Leben unzähliger Familien gebildet.

Das Kind in der Krippe – wie jeder Mensch zwischen Tier und Engel sein Erdenleben beginnend – ist *das* Kind überhaupt. Jedes Kinderbettchen, jede Wiege ist über-

5 Vgl. diesen Begriff bei Rudolf Steiner, Wie erlangt man Erkenntnisse der höheren Welten, Dornach 1931, S. 215, Bibl. Nr. 10.

strahlt von den Strahlen, die von dem Weltenkinde in der Krippe in Bethlehem ausgehen. Nie vermag eine Mutter das Geheimnis der Geburt Jesu auf Erden so nahe zu fühlen wie in den Tagen eigenen Mutterseins im Blick auf die kleine Leiblichkeit und Himmelsverbundenheit des Kindes.

Ist das Kind 14 Jahre geworden, dann schließt seine Kindheit in der Passionszeit ab. Vier Wochen hindurch ist der Altar, sind die kultischen Gewänder schwarz. Nach drei Passions-Sonntagen steigert sich sogar über den Palmsonntag hinaus das Erlebnis der Trauer durch die einzelnen Tage der Karwoche (chara – Trauer). Erlebt das Kind diese letzten vier Wochen seiner Kindheit intensiv und innig mit, dann mag es den Zusammenklang spüren, der Passionszeit und Abschied von der eigenen Kindheit miteinander verbindet. Seinem Wesen nach ist das Kind selbst noch geistverbunden. Der Himmel ist ihm nahe. Das Paradies mit Bäumen und Pflanzen wirkt lebenspendend in ihm nach. Halb im Traum, halb in Bildern von Märchen und Mythen und von dem Evangelium ragt die Gotteswelt noch in das Bewußtsein herein. Mit der Erdenreife erfolgt gleichsam die Vertreibung aus dem Paradies der Kindheit. Bei den Mädchen treten die ersten Schmerzen der leiblichen Reifung auf, die später einmal bis zu den Schmerzen führen können, die eine Geburt begleiten. »Und zum Weibe sprach er: Ich will dir viel Mühsal schaffen, wenn du schwanger wirst; unter Mühen sollst du Kinder gebären« (1. Moses 3,16). Beim Knaben werden durch eigene Mitarbeit im Haus, in der Schule oder auf dem Bauernhof, bei Lehrlingsausbildung und der landwirtschaftlichen Arbeit bald andere Nachklänge auftreten: »Und zum Manne sprach er: Weil du gehorcht hast der Stimme deines Weibes und gegessen von dem Baum, von dem ich dir gebot und sprach: ›Du sollst nicht davon essen‹ –, verflucht sei der Acker um deinetwillen. Mit Mühsal sollst du dich von ihm nähren dein Leben lang... Im Schweiße deines Angesichts sollst du dein Brot essen...‹« (1. Moses 3,17 ff.).

Die ersten kleinen Passionserlebnisse treten im Leben des Einzelnen auf. Sie wiederholen die großen Passionsstufen der Menschheit.

Der Leib, der beim gesunden Kind in voller Harmonie zu Seele und Geist wirkt, wird zum Rätsel. Er kann Plage, Fessel, Last sein. Die Diskrepanz zwischen Leib und Geist läßt die Seele manchen Schmerz, manche Enttäuschung und manche Erniedrigung erleben. Darüberhinaus wird dem Kind das wirkliche Alleinsein bewußter, das es schon um das 9. Lebensjahr herum gelegentlich erfahren hat. Die innere Trennung von den Verwandten, das Auf-sich-Gestelltsein, die erste Einsamkeit, manchmal wohl auch das Empfinden des Verlassenseins leben in der Seele auf. Die Nabelschnur zur Gotteswelt reißt. Die eigentliche Erdenwanderung beginnt. Mit ihr Freude und Leid, Schönes und Schweres. In dieser Übergangszeit des Lebens können Kinder seelisch von tiefem Leid erfüllt sein. Sie können die Stimmung der Gottverlassenheit manchmal sogar richtig auskosten. Sie sehnen sich nach einer anderen Seele. Wenn eine solche andere Seele als Partnerin des Herzens nicht da ist, wird sie unter Umständen sogar erfunden, wie die Freundin Kitty der Anne Frank.[6]

Leiblich geschieht die Erdenreife, seelisch das Aufgehen der eigenen Innenwelt, geistig die Götterdämmerung der noch geisterfüllten Wahrbilder im kindlichen Bewußtsein. Der Intellekt erwacht und damit das rationale Denken, das der Sinnenwelt zugewandt ist. Die Außenseite der Dinge wird interessant, die Wesenseinsicht in die Innenseite verkümmert. »Schlag nach« und lexikalisches Wissen werden wichtig.

Wer das Kind auf dieser Stufe zurückhalten will, wird zurückgestoßen. Der Wille zur Erdenreife, die Sehnsucht zum Selbständigwerden, das Ziel, sich als Ich zu erfahren und zu ergreifen, lassen den werdenden Jugendlichen in seiner Entwicklung vorwärtsstürmen. Wohl dem, dem eine wirkliche Confirmatio Stärkung und Ziel in dieser Sturm- und Drangperiode seines Lebens schenkt.

6 Das Tagebuch der Anne Frank, Frankfurt 1982.

Familie und Verwandtschaft – Der Zwölfjährige im Tempel

Das 19. und 20. Jahrhundert hat das Wissen um das leibliche Werden des Menschen unermeßlich bereichert. Die Embryologie ist eine weitentwickelte Wissenschaft. Dennoch verbreitet sich nur langsam die Kenntnis von der geistigen Tatsache, daß der Mensch nicht nur über den Tod hinaus im Sinne einer möglichen Unsterblichkeit fortlebt (Postexistenz), sondern auch geistig vor der Geburt da ist (Präexistenz). Jüngst hat Wolfgang Schad in seiner Schrift »Die Vorgeburtlichkeit des Menschen – Der Entwicklungsgedanke in der Embryologie –«[7] auf die Schrift des Embryologen Erich Blechschmidt »Sein und Werden – Die menschliche Frühentwicklung«[8] geantwortet. Die Vorgeburtlichkeit, die Präexistenz des Menschen, läßt sich heute im unbefangenen Anschauen der natürlichen Tatsachen des Werdens eines Menschen erweisen. Diese Anschauung hat für das Bilden und Zusammenleben der Familie und der Verwandtschaft weitreichende Folgen. Die Mutter kann oft schon dem rätselhaft alten Antlitz des Neugeborenen, das sich erst allmählich zum pausbäckigen Säugling entwickelt, ansehen, daß dieses Kind eine lange Herkunft hat. Sie beobachtet gemeinsam mit dem Vater in

7 Stuttgart 1982.
8 Stuttgart 1982.

liebendem Wahrnehmen und in der Fürsorge und Pflege, wie das höhere Wesen dieses Kindes sich allmählich »inkarniert« und damit immer mehr zur Welt, in das »Fleisch« kommt. Unter Geschwistern zeigt sich schon früh das Besondere, das Einmalige des jeweiligen Kindes. Eltern und Verwandte tun gut daran – wie später die Lehrer in der Schule –, nicht nur die eine Frage zu haben: »Was geben wir dem Kind?«, sondern auch die andere: »Was bringt uns das Kind? Was empfangen wir als Bereicherung durch das Kind? Was kann es uns lehren?«

Im Konfirmationsalter kommt die Seele, das Eigenwesen des einzelnen Menschen, voll zur Welt. Sie kann in Harmonie zu den Angehörigen der Familie stehen. Sie wird sich manchmal an ihnen reiben, sie kann aber auch empfindliche Konflikte herbeiführen.

Selbst im Leben Jesu und seiner Beziehung zu den Eltern tritt auf bedeutsame Weise eine entsprechende Entwicklung ein.

Der Evangelist Lukas, der die weihnachtliche Erzählung von der Geburt Jesu auf so bildhaft einmalige Weise aufgezeichnet hat, bringt als einziger den Bericht vom Zwölfjährigen im Tempel (Lukas 2,41 ff.).

Die Zeit des Passahfestes, der Vorstufe des christlichen Osterfestes, ist gekommen. Wie alle gläubigen Juden ziehen seine Eltern hinauf nach Jerusalem zum Feiern dieses Festes. Synagogen stehen überall in den Städten und Dörfern als Gotteshäuser, die dem Lesen der Schrift, der Predigt und dem Gebet dienen. Doch steht nur *ein* Tempel im ganzen Land, auf dem Felsen »Morija«, der Stätte, wo »der Herr sieht«. In ihm wird für das ganze Gottesvolk der Gläubigen das heilige Opfer und der Dienst im Allerheiligsten verrichtet. Im Tempel wohnt Gott selbst.

Als der Knabe 12 Jahre alt geworden war, gingen sie wieder auf das Fest.

»Und da die Tage vollendet waren und sie wieder nach Hause gingen, blieb das Kind Jesus zu Jerusalem, und seine Eltern wußten es nicht. Sie meinten aber, er wäre unter den Gefährten, und sie kamen eine Tagesreise weit und suchten ihn unter den Verwandten und Bekannten. Und da sie ihn nicht fanden, gingen sie wiederum nach Jerusalem und suchten ihn. Und es begab sich nach drei Tagen, daß sie ihn im Tempel sitzend fanden mitten unter den Lehrern, wie er ihnen zuhörte und sie fragte. Und alle, die ihm zuhörten, verwunderten sich seines Verstandes und seiner Antworten. Und da sie ihn sahen, entsetzten sie sich. Und seine Mutter sprach zu ihm: Mein Sohn, warum hast du uns das getan? Siehe, dein Vater und ich haben dich mit Schmerzen gesucht. Und er sprach zu ihnen: Was ist das, daß ihr mich gesucht habt? Wisset ihr nicht, daß ich sein muß in dem, das meines Vaters ist? Und sie verstanden das Wort nicht, das er zu ihnen redete. Und er ging mit ihnen hinab und kam nach Nazareth und war ihnen untertan. Und seine Mutter behielt alle diese Worte in ihrem Herzen. Und Jesus nahm zu an Weisheit, Reife und Gnade bei Gott und den Menschen« (Lukas 2, 43–52).

Der Knabe bleibt in Jerusalem. Die Eltern und Verwandten ziehen wieder heim, nordwärts nach Nazareth. Sie setzen voraus, daß der Knabe bei ihnen ist. Sie ahnen nicht, daß er anfängt, andere Wege zu gehen, und nicht mehr dort ist, wo sie ihn suchen: unter den Verwandten und Bekannten. Setzen nicht auch wir immer wieder voraus, daß ein Kind in dem Alter da ist, wo Familie, Verwandtschaft, Tradition und Kirchgang erlebt werden?

Der Knabe ist im Tempel. Er ist im Gespräch mit den Lehrern. Er hört zu. Er fragt und erweckt selber Erstaunen durch die Weisheit seiner Antworten und die Reife derselben. In den drei Tagen muß eine rätselhafte und tiefgreifende Verwandlung mit ihm vorgegangen sein. Sie spiegelt sich sogar in seinem Aussehen: »Und da sie ihn sahen, entsetzten sie sich.« In der Frage der Mutter klingt noch der ganze verzweiflungsvolle Schmerz der intensiven Suche nach: »Mein Sohn, warum hast du uns das getan?« – Und er sprach zu ihnen: »Was ist das, daß ihr mich gesucht habt? Wißt ihr nicht, daß ich sein muß in dem, das meines Vaters ist?« Das ganze Staunen und Nichtverstehen klingt auf, das sich im Kleinen in diesem Lebensalter in der Biographie eines jeden Menschen wiederholen kann. Das Vaterhaus ist nun nicht mehr allein die Zimmermannswerkstatt in Nazareth. Das Mütterliche wird nicht mehr allein bei der Mutter Maria gesucht und erlebt. Die Seele des Zwölfjährigen weitet sich aus. Sie bekommt menschheitliche Dimensionen. Das Vaterhaus ist der Tempel, in dem alle Menschen den Weltenvater suchen und anbeten. Das Mütterliche wird in der Weisheit gesucht, die zwischen Lehrenden und Lernenden in Frage und Antwort lebt und an der Stätte der Religionsübung als Weisheit und höheres Wissen gepflegt wird. Geist und Seele des Zwölfjährigen beginnen sich einzuwohnen in das Vaterhaus aller Menschen. Das Kind wird wahrhaft zum Gotteskind. Der Vater wird zum Vater-Gott.

Das Sehnen und Suchen des Knaben zielt über den Umkreis der eigenen Familie und über den Kreis der Verwandten hinaus. Seine neue Heimat wird das Gotteshaus, der Tempel.

Übertragen wir – ohne die Einmaligkeit dieser Begebenheit im Leben Jesu anzutasten – das Urbildhafte auf das Leben des Kindes im Reifealter und damit auf das Leben des Konfirmanden, dann spricht das Evangelium von der eintretenden Distanz und einer ersten Entfremdung, eines Nichtverstehens gerade in den höchsten Dingen des Lebens. Neigen nicht Eltern und Verwandte zu lange auf dem Pilgerzug des Lebens dazu, das Kind weiter als Kind zu betrachten und zu behandeln und zu wenig nachzufühlen, daß es nun selber auf die Gottessuche gehen, selber Gott finden will? Durch Frage, Suche und Gespräch wird es den Tempel aufsuchen, der seinem Wesen entspricht. Es wird den Gottesdienst selbständig aus der Tiefe des eigenen Wesens heraus suchen wollen selbst dann, wenn durch Taufe, Religionsunterricht und Sonntagshandlung gleichsam das himmlische Vaterhaus schon vererbt wird, in der Familie schon gefunden ist. Um es selbständig zu erfahren, muß es auch selbständig erworben werden. »Was du ererbt von deinen Vätern hast, erwirb es, um es zu besitzen« (Goethe).

Das Vater-Unser erklingt in der Menschenweihehandlung erstmals vor den Ohren des Konfirmanden als das Gebet aller Christen. Der Jugendliche beginnt, sich in dieses Gebet einzuhören. Vielleicht wird er es zu Hause von nun an auch als sein persönliches Gebet üben. Zu Hause und in der Gemeinde löst es die Kindergebete und das

Chorgebet der Sonntagshandlung ab. Das Vater-Unser schließt nun unabhängig von der eigenen Familie und der Verwandtschaft alle Menschen zusammen, die zu dem gemeinsamen himmlischen Vater als ihrem Vater aufblicken. Damit wird die Gotteskindschaft begründet. »Wußtet ihr nicht, daß ich sein muß in dem, das meines Vaters ist?« Was sich in der Tiefe der Seele in dem Jugendlichen als innere Wandlung vollzieht, fordert von Eltern und Verwandten Achtung und inneren Respekt. Fühlen sie nach, daß zu dem eigenen Vaterhaus nun das Vaterhaus aller Menschen gesucht werden muß? Wird nicht durch die Sehnsucht nach dem Tempel jede Zimmermannswerkstatt erst einmal zu klein? Fühlen sie mit, daß die Beziehung zur Mutter sich ausweitet zu einer Suche nach jener Weisheit, die als Sophia-Weisheit das Leben birgt und trägt, wie es die eigene Mutter am Anfang des Lebens tat?

Das Evangelium vom Zwölfjährigen im Tempel kann das Leitbild für das Reife-Alter der Konfirmation werden. Das Geheimnis des Jugendlichen im Tempel als dem Hause des Vaters der Menschheit kann viele Rätsel dieses Lebensalters enträtseln und beantworten.

Die Paten und die Metamorphose des Patenamtes

Bei der Taufe treten zwei Paten zu den Eltern hinzu. Die mundartliche Bezeichnung »Gevatter«, die früher meist gebraucht wurde, weist in die Richtung, in der man die Aufgabe des Paten und der Patin sah. Der Pate ist der geistliche Vater, der Vater in Gott. Die englische Sprache sagt noch »Godparents«, die Gotteltern.

Das Wort »Pate« geht sprachlich über das mittelhochdeutsche »pade« zurück auf das lateinische »pater« – Vater – und auf pater spiritualis, den geistlichen Vater. Damit kommt zum Ausdruck, daß der Pate mit der Taufe ein geistliches Amt und eine geistliche Aufgabe übernimmt. Sie wird durch seine Anwesenheit bei dem Sakrament begründet. Sie setzt voraus, daß er das Vertrauen der Eltern hat und diese bereit sind, die Erziehungsgemeinschaft zu den Paten hin zu öffnen und mit diesen zu teilen. Zunächst währt die Aufgabe 14 Jahre, bis zur Konfirmation. Für das Kindheitsalter besteht sie darin, die Seele des Kindes in der Gemeinde des Christus Jesus zu führen. Das wiederum setzt voraus, daß der Pate dieser angehört. Er lebt in ihr. Er hat durch seinen Altersvorsprung die Möglichkeit entwickelt, in ihr für eine andere Seele führend tätig sein zu können. Die Lebensbeziehung der Kindesseele zu den christlichen Tatsachen, vor allen Dingen zu Christus selbst, liegt in seinem Blick. Mit den Eltern teilt er die Verantwortung, daß dem Kind geholfen wird und es die nötige Förderung erhält, sich in der Gemeinde des Christus Jesus seelisch zu entfalten. Die religiöse Entfaltung des Kindes ist die vornehmliche Aufgabe des Paten. Dazu bedarf es der Wachheit. So wie früher ein Gemeinwesen einen Wächter bestellte, der auf dem Turm wohnte und für das Wohl und Wehe der Stadtbewohner sorgte, so wacht und hütet der Pate mit der Wachheit seines Bewußtseins das Kind. Will er die von Monat zu Monat zunehmende Wachheit des neuen Erdenbürgers begleiten, dann muß er allerdings einiges einsetzen. Sein Herz, seine Anteilnahme, sein Interesse sollten die einzelnen Stadien der Entwicklung begleiten. Bald wird das Kind auch selbst ein Bewußtsein von den Paten haben. Stolz, Freude und Dankbarkeit werden zu ihnen gehen, daß neben den Eltern auch Nicht-Verwandte, »Eltern an Gottes Statt«, Anteil nehmen an seinem Werden.

Wieder wird die soziale Phantasie mannigfache Ausgestaltungen und Verwirklichungen dieses Patenamtes ermöglichen. Sind die Paten räumlich fern, so kann ein Lebensbuch eine Hilfe sein, in das die Eltern wichtige Entwicklungsschritte aufzeichnen. Jährlich lassen sie es dann den Paten zugehen, die es mit einem Grußwort oder einem Bild wieder zurücksenden.

Wichtig wird in unserem Zusammenhang sein, daß die Paten, wenn irgend möglich, an dem großen Konfirmationsschritt ins Leben teilnehmen. Sie gehören wesentlich zum Fest dazu. Sie können dann etwa bei der Mahlzeit nach der sakramentalen Feier das Wort ergreifen und in einer kleinen Ansprache ihre Hoffnungen und Wünsche dem Jugendlichen mit auf den Weg geben.

Mit dem Ereignis der Konfirmation verwandelt sich die Aufgabe der Paten. Stand die Kindheit unter dem Motto der Führung, so wird es bei dem Jugendlichen darum gehen, seine freie Anerkennung und sein Vertrauen zu erhalten. In wichtigen Fragen der jugendlichen Entwicklung, bei auftretenden Problemen können sie helfende Gesprächspartner sein.

Sollte nicht auch der Fragenkreis der Sexualreife und der Aufklärung vom Paten mit dem Jugendlichen besprochen werden? Der Pate wird seine Hilfe und Erfahrung als Nichtverwandter leichter durch Rat und Tat einsetzen können. Die »Aufklärung« bliebe eine »Verdunkelung«, wenn nicht neben den leiblichen auch die seelischen und geistigen Tatsachen der Zuwendung der Geschlechter zueinander angeschaut und besprochen würden. Für die Eltern ist es eine Entlastung, solche Gespräche auch oder vorwiegend von den Paten führen zu lassen.

Auch die Frage, wie der Jugendliche nach der Konfirmation im Jugendalter sein Lebensverhältnis zur Menschenweihehandlung begründet und aufbaut, kann für das Gespräch und die helfende Zuwendung der Paten wichtig sein. Durch die Teilnahme am Gottesdienst entstehen Fragen, die dank der Zartheit und Scheu des Erlebens nicht ohne weiteres zu Hause, in der Familie, erörtert werden. In einem ernsten Gespräch mit den Paten kann sich der Jugendliche, der nun religiös mündig geworden ist, frei äußern und Antwort auf seine Fragen suchen.

Dies alles soll hier nur angedeutet werden. So vielseitig wie das Leben selbst wird sich die Beziehung der Paten zu dem Jugendlichen gestalten und pflegen lassen. Die Aufgabe hat ihre Erfüllung gefunden, wenn der Herangewachsene und Urteilsfähige seinen eigenen Lebensentschluß faßt, der Gemeinschaft, die ihn getauft und konfirmiert hat, mit seinem Bekenntnis anzugehören. Sucht er um Aufnahme als Glied der Christengemeinschaft nach, dann verwirklicht sich, was mit der Taufe als Aufnahme in die Gemeinde des Christus Jesus begonnen hat, mit der Konfirmation in die Kommunionsgemeinschaft hinein fortgesetzt wurde und nun in der Trägerschaft eines Christen in der Gemeinschaft der Christen seine Aufgabe und Erfüllung findet. Die Paten werden sich dann entlastet fühlen können und jene Beziehung anstreben und pflegen, die zwischen Christen, wenn auch verschiedenen Alters, ein Ideal sein kann.

Als Dreizehnjähriger schrieb Friedrich Schiller am 21. April 1772 seinen ersten Brief. Er schrieb ihn von Ludwigsburg an seine Patin Elisabetha Margaretha Stoll im Vorblick auf die Konfirmation. In seiner knabenhaften Schlichtheit drückte er in diesem Brief zeitlos Gültiges aus:

»... Besonders bitte ich Sie, mich bey der bevorstehenden Confirmations-Handlung in Ihr Gebet einzuschließen, daß mich Gott durch seine Gnade und guten Geist stärken wolle, damit ich diejenige Pflicht, die ich nun selbst übernehme, mit allem Fleiß erfüllen – und zum Wohlgefallen Gottes; meiner Eltern; Paten und Anverwandten, im Guten je mehr und mehr zunehmen möge«.[9]

9 Im Schiller-Archiv Marbach.

Kleidung und Geschenke

Menschen werden nackt geboren und gehen wieder nackt über die Schwelle des Todes. An beiden großen Toren des Lebens spiegelt sich, wie der Mensch – von Gott geschaffen – ursprünglich keiner Kleidung bedurfte. Er trug das Lichtgewand paradiesischer Gottesnähe, die wir nachempfinden können, wenn ein kleines Kind nackend auf einer Blumenwiese tollt und sich seiner Nacktheit nicht bewußt ist. Es schämt sich nicht. Das Bewußtsein lebt noch in der Nähe Gottes, sein Leib ist rein.

Erst nach dem Sündenfall, dem Fall in die werdende Stoffeswelt und die werdende Leiblichkeit des Menschen tritt die Störung des Einklanges von Gott und Mensch, Geist und Leib, dann auch von Mann und Frau, auf (Genesis 3,7 f). Die Vertreibung aus dem Paradies erfolgt. Und doch darf man nicht übersehen, daß »Gott der Herr Adam und seinem Weibe Röcke von Fellen machte und sie ihnen anzog« (Genesis 3,21). Die erste wärmende und schützende Umhüllung ist eine Gabe Gottes. Der Fall in die bloße äußere Existenz, das Bewußtsein der Sünde, das Empfinden der Schuld gegen Gott, das Übertreten des Gehorsams und die sich anbahnende Scham – die sich heute vielfach längst bis zur Scham-Losigkeit gesteigert hat – veranlaßt die Gottheit, selber den Anfang der Kleidung als Umhüllung des Menschenwesens mit auf den Erdenweg zu geben. Früh entsteht die Kleidung des Alltags. Im Judentum bestand sie gewöhnlich aus dem linnenen oder wollenen, bis zu den Knöcheln reichenden Untergewand mit halblangen oder langen Ärmeln (z.B. 2.Samuel 15,32; Johannes 19,23) und dem Mantel (z.B. Matthäus 5,40). Sie ist Schutz und Schmuck zugleich und entweder volkhaft oder Ausdruck der Person. Die soziale Stellung kann an ihr abgelesen werden.

Bei der Stiftung des Kultus werden auf dem Berge Sinai dem Moses auch die Urbilder der kultischen Gewandung offenbart. In allen Einzelheiten zeigt Gott dem Menschen, wie die Behütung des Hauptes, die Gewandung des Leibes – bis zu den Glöckchen am Saum des Gewandes – beschaffen sein sollen, damit das Heiligtum in der rechten Weise betreten wird (2.Buch Moses 28). An der Geschichte der kultischen Gewandung und der Geschichte des Kleidens bis zum Grau heutiger Herrenanzüge ließe sich die ganze Bewußtseinsentwicklung der Völker und der Menschheit zeigen. Das Grau spiegelt die grau-gewordene materialistische Stoffgebundenheit wider. Erst anfangsweise zeigen in der letzten Zeit zunehmende Farbigkeit Zeichen für erste Wandlungen.

Das Gleichnis von der Königlichen Hochzeit (Matthäus 22) zeigt im Bilde, daß es bei der Wiedervereinigung des Menschen mit der Gottheit, welche ihrem Sohn das Hochzeitsfest bereitet hat, auf das festliche Gewand ankommt. Der schuldig-gewordene Gast, der hinausgeworfen wird in das bloß Äußere der Sinneswelt, hatte in der Gesinnung den Festsaal betreten, »so wie ich bin, bin ich gut genug«. Er hält es nicht für nötig, sich mit dem Gnadenkleide umhüllen zu lassen.[10] Hier werden das festliche Gewand und die Kleidung des Menschen selbst zum Bild und Gleichnis. Die Hülle neuer Empfindungen, das Wärmende einer demutvollen Selbstlosigkeit, die Gewandung wiedererrungener Moralität werden bei der Hochzeit und damit der Vereinigung der Seele des Menschen mit dem Geist Gottes von dem Vatergott erwartet.

Kinder haben ein unmittelbares Gefühl für das festliche Kleid; es ist Ausdruck der Grundstimmung des freudigen Kindes. Gern spielt es König und Königin, Braut und Bräutigam. An der Schwelle zur Jugend tritt mit dem erwachenden Denken auch ein Einschnitt in Fragen der Kleidung zutage. Die einen neigen zum Burschikosen, die anderen zum Eitlen. Die Mode nimmt unbewußt oder bewußt großen Einfluß. Es mag ganz sinnvoll sein, sich daran zu erinnern, daß das Wort »Mode«, das aus dem Französischen stammt, »Art und Weise« heißt und zurückgeht auf das lateinische modus = Maß. Heute ist die Mode oft maßlos. Aber bei jungen Leuten lebt auch weiterhin das Bedürfnis, nicht auf- und herauszufallen, Völker übergreifende Sitten, gelegentlich auch Unsitten, zu praktizieren. Der Jugendliche in Smolensk oder Tokio möchte aussehen wie der Altersgenosse in Kalifornien oder München.

Naht die Konfirmation, dann ist es gut, auch die Kleidung vorzubedenken. Hier fällt der Einzelne nicht gern auf, er möchte aus der Gruppe nicht herausfallen. Früh-

10 Siehe Rudolf Frieling, Die königliche Hochzeit, in: Christologische Aufsätze, Band III der Gesammelten Schriften zum Alten und Neuen Testament, S. 265 ff., Stuttgart 1982.

zeitig auf einem Elternabend zu vereinbaren, was die Mädchen und Buben »tragen« werden, ist günstig. An anderer Stelle dieser Schrift, in dem Kapitel »Die erste Menschenweihehandlung«, wird vom weißen Gewand des Kultusträgers gesprochen.

Als Taufkleid und Totenhemd, aber auch als Brautkleid ist das weiße Kleid einst sinnvolle Sitte gewesen. Zu den großen Schwellenereignissen des menschlichen Lebens wurde es getragen. Ob sich das helle Kleid bei den Mädchen – weiß oder elfenbein – wieder einbürgern darf? Die Knaben sollten mit weißem Hemd Anteil an dieser Helligkeit haben, wenn auch die Hosen dunkel sind. Wer an Kindern beim Kindergottesdienst oder bei Lebensfesten beobachten konnte, wie wichtig der Zusammenklang vom Äußeren der Kleidung und dem Inneren der Stimmung und Festlichkeit ist, wird den Abschluß der Kindheit und den festlichen Anfang der Jugend auch im festlichen Kleid, im festlichen Anzug zum Ausdruck bringen wollen. Das rechte »Maß« wäre dann auch die rechte »Mode«. Aufschlußreich ist es, bei Rudolf Steiner (Das Künstlerische in seiner Weltmission) unter den Künsten die Bekleidungs-Kunst zu finden. Wann werden wir Künstler?

Das Fest der Konfirmation ist oft auch Anlaß zu Geschenken. Wenn hier ein paar allgemeine Gedanken geäußert werden, so sollen sie keinesfalls die eigene Phantasie und die individuelle Vielfalt einengen, sondern lediglich Anregungen geben.

Das wesentliche Geschenk dieses Tages ist die Gottesgabe des Sakramentes. Seine Gnade neigt sich gebend der tief-offenen Seele zu, die in ihrer jugendlichen Reinheit empfindet, daß dieses Geschenk den Grundton des Festtages abgeben sollte. Er sollte nicht verhüllt, entwichtigt oder gar überlagert werden.

Ge-schenk kommt von schenken, was ursprünglich »zu trinken geben« hieß. In dem Worte »Ein-schenken«, »Aus-schenken«, »Aus-schank« ist diese Bedeutung erhalten. Später hat sich »darreichen« und »unentgeltlich geben« entwickelt. Im 14. Jahrhundert ist das Geschenk »Gabe«. Zum ersten Mal wurde am Gründonnerstag mit dem Abendmahl der geweihte Kelch mit dem heiligen Trank gereicht. Die Gottesgabe war wahrhaft ein Schenken. Sie ist es auch am Tag der Konfirmation. Wenn darüber hinaus Eltern und Geschwister, Verwandte, Paten und Freunde etwas schenken wollen, so sollte es diesem Maß entsprechen, vielleicht nach dem Motto auf dem Tempelfries zu Delphi: »Nichts zu viel!«.

Bei der Wahl spielt ein zweifacher Gesichtspunkt eine Rolle: Das Geschenk sollte den jungen Menschen unmittelbar ansprechen, ihn interessieren und fördern. Zugleich sollte es aber nach Möglichkeit für das ganze Leben von Bedeutung sein. Wegbegleitende Lebensgeschenke sollten es sein, die als Gabe vom Ich zum Du wandern und ein bleibendes Gewicht bewahren. Ist nicht im Leben etwas unglücklich verlaufen, wenn man sich eine Bibel oder ein Neues Testament selbst kaufen muß? Kann nicht parallel zu dem Lebensschritt, durch den im Abklingen des kindhaft-lebendig Erlebten nun das Buch und der Buchstabe als Nahrung des Geistes gebraucht wird, das Evangelium als Buch geschenkt werden? Aber nicht als »schwarzes«

Buch, sondern farbig und schön gebunden – ein Freude schenkendes und Freude erweckendes Buch?[11]

Andere Bücher gibt es, die wirklich wichtig sind: Homers Ilias und die Odyssee, Dantes Göttliche Komödie, Shakespeares Werke, eine gute Ausgabe von Goethes Faust, 1. und 2. Teil, und anderes mehr. Müßte man heute seine Heimat verlassen und auswandern und könnte einen Rucksack voller Dinge mitnehmen in die Fremde, welches Buch würde man mitnehmen wollen?

Ein solches Buch sollte als Geschenk für die Lebenswanderschaft mitgegeben werden.

Der Dichter Ernst Jünger hat einmal den Zusammenhang von einer Uhr, dem Zeitmesser, mit wichtigen Lebensereignissen aufgezeigt. Zur Konfirmation also eine Uhr? Das Erleben der Zeit wandelt sich in diesem Alter. Das Kind mißt noch keine Zeit. Sie fließt ihm nicht davon. Halb in der Sphäre der Ewigkeit und noch in der Region der Dauer lebend, beginnt erst etwa mit der Schulzeit ein Gefühl für Zeit. Die Stunde, Minute und Sekunde werden erst im Reifealter wichtig und zunehmend interessant. Ein Werkzeug, das die Zeit mißt und anzeigt, mag angebracht sein in diesem Alter, wenn es nicht heute schon früher getragen wird.

Und der erste Schmuck? Das Mädchen wird sich freuen, wenn eine Kette, ein Anhänger, ein Ring oder gar ein Kreuz zur Kleidung eine persönliche Note hinzufügen.

11 Das Neue Testament, in der Übersetzung von Emil Bock, Stuttgart [5]1994; Originalfassung der Übers. 1998; verkleinerte Dünndruckausgabe (Originalfassung der Übers.) 1999. Das Johannes-Evangelium, in der Übersetzung von Heinrich Ogilvie, Stuttgart 1982 u.a.

Eine kleine kostbare Gabe, die Andenken und Zierde zugleich ist. Auch hier sind Stil und Maß im Einklang mit dem Charakter des Festes wichtig. Manchmal wandert von der Großmutter zur Enkelin ein Zeichen lebendig geübter Tradition.

Das größte menschliche Geschenk wird die Teilnahme und das Mitfeiern aller lieben Menschen aus dem Schicksalsumkreis des Kindes sein. Sind diese – etwa durch einen Abend in der Gemeinde – genügend vorbereitet auf das Ereignis und tragen sie das Niveau des Tages mit durch, so daß kultischer Vormittag und festlicher Nachmittag einander entsprechen, dann ist ihre Gegenwart ein großes und bleibendes Geschenk.

Die Feier in der Familie

Lebensfeste sind selten geworden. Feste der Freude und des Dankes können jedoch wie Leuchtfeuer auf dem Kurs des Lebens die Richtung anzeigen und Orientierung geben. Die Erinnerung trägt durch das Leben. Wir sollten diese Feste wirklich als solche feiern.

Das Feiern der Konfirmation in der Gemeinde bedarf einer langen Vorbereitung. Das Fest in der Familie ebenso. Es wartet noch auf seine Entdeckung.

Als erstes – was zur Vorbereitung gehört – ist zu klären, welcher Personenkreis teilnehmen soll. Wer wird eingeladen? Zunächst wird es die Familie im engeren Sinne sein, oft drei Generationen: Großeltern, Eltern und Kinder. Dann treten die Wahlverwandten hinzu, vor allem die Paten. Dazu mögen im Umkreis Menschen leben, deren Nähe erwünscht und gesucht wird. Bei Festen, die in Sakramenten gründen, sollte der Personenkreis immer etwas menschheitlich Weites, Zukünftiges in seinem Charakter haben. Freundin und Freund, die in diesem Lebensalter zunehmend wichtig sind, ergänzen den Kreis der Geladenen. Frühzeitig sollte die Einladung ergehen. Schon diese kann den Konfirmanden zu originellen kleinen künstlerischen Formen anregen. Die schriftliche Einladung wie auch die selbstgemalte Tischkarte sind erste Zeugnisse eigenen Stils.

Da heute selten alle Angehörigen an einem Ort zusammenleben, wird der Vortag als Tag der Ankunft wichtig sein. In der Gemeinde wird unter Umständen ein vorbereitender Abend stattfinden, an dem Fernerstehende eine Einführung und Orientierung über das Sakrament der Konfirmation erhalten. Zu Hause kann der Vorabend unter dem humorvoll ernsten Motto stehen:

»Rückblick in die Kindheit – Abschied von der Kindheit«.

Die Erwachsenen berichten, die Großeltern erzählen, Bilder werden gezeigt, das Kind wird erinnert an die Stufen seiner Bewußtwerdung. Was ist die erste bleibende Erinnerung? Wie lief das Leben des Kleinkindes vor dieser ersten Erinnerung? Wann wurde zum ersten Male »ich« gesagt, »ICH« erlebt? Welche schönsten Erlebnisse barg die Kindheit? Wann berührten Lebensernst und Lebensschmerz zum ersten Male bewußt das Kind? Wie bildete sich die Sprache aus? Wie hat sich vom Ort der Geburt aus der Horizont und Umkreis der Erd-Erfahrung erweitert? Welche Wege, Wanderungen, Reisen oder gar Länder gehören schon zum Lebenshorizont? Welche Interessen und Neigungen traten hervor?

Vielleicht erzählt das Kind von seiner Schulzeit, seinem Religionsunterricht, den Wichtigkeiten seines Lebens.

Der Rückblick macht bewußt, daß der letzte Abend der Kindheit gekommen ist. Er mag einmünden in ein Wort des Vorblickes, der auf die Wichtigkeit des kommenden Tages hinweist. Ist dies ein Wort von einem der Paten?

Frühes Schlafengehen wird wichtig sein, damit die Seelen ausgeruht, frisch und empfänglich am Kultus teilnehmen können.

Das Frühstück am Festtag ist sparsam. Der Konfirmand, der ja nüchternen Geistes und mit frischer Seele auf das Sakrament zugeht, übt zum ersten Male die Nüchternheit des Leibes ein. Er bereitet sich durch den Verzicht auf die Nahrung auf den Empfang des Heiligen Mahles vor. (Wo dies durch lange Wege oder Gesundheitszustand als nicht möglich erscheint, bespreche man es frei mit einem Pfarrer).

Möglichst wenig ablenkende Eindrücke sollten die Empfänglichkeit der Seele trüben. Am besten sind morgendliche Bilder der Natur. Den Gang zur Kirche wird die Konfirmandin oder der Konfirmand unter Umständen schon frühzeitig und allein machen. Die Gruppe sammelt sich vorher. Die Angehörigen folgen und nehmen in Ruhe nach dem Betreten des Weiheraumes Platz.

Nach der Konfirmation wird im allgemeinen ein festliches Essen folgen.

Das gemeinsame Festmahl zu wichtigen Ereignissen des Lebens hat seinen tiefen Sinn: Dem Sakrament werden Lebenskräfte hingegeben. Das Opfer verzehrt Leben. Im folgenden Mahle werden die natürlichen Kräfte des Lebens wieder angeregt und aufgebaut. Mit Freude und Liebe ist der Tisch gedeckt. Wenn möglich, leitet eine kleine Tischmusik das Mahl ein. Nach dem ersten Gang mag der Vater das Wort ergreifen. Das Eintreten des Jugendlichen in seine religiöse Mündigkeit kann durch ein Wort des Freispruches beginnen. Die Eltern drücken damit aus, daß sie sich bewußt sind, ihr Vater- und Muttersein in eine neue Phase zu führen. Autorität wandelt sich zu frei anerkanntem Vorbild.

Nach der Mahlzeit können – nach einer Ruhepause – in bunter Folge Szenen aufgeführt, Musik gespielt, Reden gehalten, Sketsche inszeniert, Scharaden geraten, Lichtbilder-Alben angeschaut werden. Leitmotiv wäre, daß möglichst kein Gast ohne eine initiative Gabe des Mittuns bliebe. Ernstes und Heiteres, Lustiges und Wegweisendes mögen einander abwechseln.

Ein Gang in die Frühlingsnatur gehört eigentlich dazu. Kann doch das Bild des erwachenden neuen Lebens draußen in der Natur auch Zeichen für die neue Lebensphase sein, in die der Jugendliche tritt. Das Bild der aufblühenden Natur bewußt und liebevoll durch die Augen aufzunehmen in die Seele gehört zum Charakter dieses Tages. Neigt sich der Tag – und es ist ja immer ein österlicher Tag –, dann sollte die Stimmung abgespürt werden, in der noch einmal der Vormittag mit der Konfirmation und der ersten Kommunion in Würde und Schönheit aufklingt. »Herr, bleibe bei uns, denn es will Abend werden, und der Tag hat sich geneiget« (Lukas 24,13 ff.). Am Brechen des Brotes erkannten damals die Emmaus-Jünger am Ostertag den Herrn. Er war als unsichtbarer Wegbegleiter mit ihnen gegangen und ihr Gast geworden. Noch sind unsere Augen gehalten beim Brechen des Brotes. Wir Menschen der Gegenwart sehen Christus noch nicht. Ist nicht auch die Liebe unsichtbar und dennoch da? Die Seele vermag den unsichtbaren Wanderer zu erahnen, der den Lebensweg durch Schönes und Schweres begleitet. Die Bitte, daß er in der Nähe bleibe, daß er einkehre und als unsichtbarer Gast auch in der Zukunft das Mahl spende und mit uns Menschen teile, kann in dieser Abendstunde aufklingen. Sei es durch ein Lesen des Evangeliums, sei es durch eine kleine abrundende Ansprache, die den Dank für das Ereignis und das Geschenk dieses Tages einschließt.

Ist das nicht alles zu ideal und illusionär gesehen? Gibt es solche Familien? Leben die Menschen im letzten Drittel des 20. Jahrhunderts so zusammen? Nun, wenn sie es noch nicht wieder tun, dann schließe man sich zusammen. Man bilde eine »Großfamilie« zu diesem Tag, ziehe in den Nebenraum einer Gaststätte und feiere dort. Ich habe die schönsten Feste im Zusammenfinden von Menschen erlebt, wo kein Vater da war, Geschwister fehlten oder keine Wohnung zur Verfügung stand. Mut zur Initiative, Frische für Ungewöhnliches: Die Kinder werden es lohnen!

In manchen Gemeinden hat sich eine kleine besinnliche Andachtsstunde herausgebildet, um den Tag wieder vor dem Altar zu beenden. Darüber wird jeweils auf Gemeindeabenden die Elternschaft frühzeitig orientiert.

Die Osterzeit in Kultus und Gemeinde

Während in der evangelischen Christenheit weitgehend die Passionszeit bis zum Psalmsonntag hin für die Konfirmation verwandt wird, wird in der Christengemeinschaft ausschließlich in der Osterzeit konfirmiert. Die Osterfestzeit beginnt mit dem Ostersonntag und währt 40 Tage bis zum Beginn der zehntägigen Himmelfahrtsfestzeit. Warum in der Osterzeit?

Mit dem Tode am Kreuz am Karfreitag beginnt das Mysterium von Golgatha, die Auferstehung des Herrn. Es führt zunächst in die Tiefen der Welt der Verstorbenen, deren helfender und erlösender Beistand Christus wurde.[12] Am Ostersonntagmorgen geht es voll in die Auferstehung über. Die Überwindung des Todes, die Öffnung des Grabes, die Mitnahme auch der Geistleiblichkeit in Seine Auferstehung hinein leiten die Zeitenwende ein. Steht die Zeit vor Christus unter dem Vorzeichen des Sündenfalls, der zunehmenden Sterblichkeit von Mensch und Erde und der Macht des Todes, so beginnt durch die Erlösungstat die Lebenskraft des Auferstandenen zu wirken. Sie begründet den Wiederaufstieg der gefallenen Menschheit, die Möglichkeit zur Unsterblichkeit von Mensch und Erde und schenkt den Sieg über den Tod. Die Lebenskraft

12 Hans-Werner Schroeder, Das christliche Bekenntnis, Stuttgart 1982.

des Auferstandenen greift belebend und erneuernd für Mensch und Erde unsichtbar wirksam ein.

Die vier Evangelien schildern ausführlich in ihren Schlußkapiteln die Ereignisse der Auferstehung (Matthäus 28; Markus 16; Lukas 24; Johannes 20 und 21). Sie beschreiben, wie der Auferstandene seine Wirksamkeit unter den Menschen beginnt.[13] Sie haben ihr geistiges Ziel erreicht, wenn Gegenwart und Wirksamkeit des Auferstandenen als innere Folge des Erdenlebens Jesu Christi gezeigt werden kann. Die Apostelgeschichte des Lukas beginnt in ihrem Bericht an den Gottesfreund – Theophilus – die vierzig Tage der Osterzeit aufzuweisen. Sie sagt aus, daß sich Jesus Christus in dieser Zeit als der Lebendige erzeigt hat in manchen Erweisungen seiner Geistesvollmacht. »Und ließ sich unter ihnen sehen vierzig Tage lang und redete mit ihnen vom Reiche Gottes« (Apostelgeschichte 1,3). Die erste Osterzeit war eine Zeit des Schauens: Die Jünger schauten den Auferstandenen. Sie wurden aus dem Übersinnlichen heraus von ihm ergriffen und hörten ihn mit offener Seele. Sie wurden durch den Auferstandenen in den Geheimnissen des Gottesreiches unterwiesen und lebten sich in die neue Gotteswelt ein, die sich durch Christus dem Menschen naht.

Im Kultus erscheint die Farbe des leuchtenden Rotes. Das Schwarz der Passion schlägt um in das Rot der Auferstehung. Kandinsky hat in seiner Schrift »Über das Gei-

13 Johannes Lenz, Von der Wirksamkeit des Auferstandenen, Stuttgart 1978.

stige in der Kunst« (1912)[14] ausführlich über die »erregende, warme, rote Farbe« geschrieben. In der bildenden Kunst war Rot immer die Farbe des Auferstandenen, auf den schon das rote Gewand der Maria weist. Es ist im menschlichen Organismus die Farbe des Blutes. Das Rot der Auferstehung weist auf das verwandelte Blut, die Kraft der Liebe, die durch Evolution die Welt bis in die Tiefen der Leiblichkeit verwandelnd heilen will. Zu der Wahrnehmung der Oster-roten Farbe und damit der Erweckung einer österlich bewegten Stimmung der Seele (Kandinsky: »Beweglichkeit in Potenz«) treten die Gebete der Osterzeit hinzu. Sie sprechen von der Fülle des Herzens, das den neuen Pulsschlag erspürt, der von Christus belebend, erregend und erweckend dem Menschen bis in die Tiefe des Leibes und des Blutes durch Seinen Leib und Sein Blut zugeströmt wird.

Die Verkündigung des Evangeliums als der frohen Osterbotschaft (Markus 16) stellt die Polarität von Grab, Leere des Grabes – Lebensfülle des Geistes und Botschaft des Auferstandenen vor die Gemeinde hin. Freude, tiefe Freude, die sich zum Jubel steigern kann, durchlebt die Seele der Gemeinde. Wenn in Rußland Menschen einander begegneten und sich den Ostergruß zusprachen: »Christ ist erstanden!«, und der Angesprochene antwortete: »Ja, er ist wahrhaft auferstanden!«, dann leuchtete durch das Wort der Geist der Liebe im Namen des Auferstandenen auf. Christliche Menschheitszukunft bahnte sich an. See-

14 Wassily Kandinsky, Über das Geistige in der Kunst, Bern 1973, 10. Aufl.

len, die den Christus österlich in sich aufnehmen, bauen und bilden nicht nur an ihrer eigenen Zukunft. Sie bilden auch an der Zukunft des eigenen Leibes, weil keimhaft der Auferstehungsleib veranlagt wird. Sie bilden an der Zukunft der Erde.

Wenn die Kindheit endet und das Jugendalter beginnt, ist biographisch eine Schwelle des Sterbens einer wesentlichen Lebensepoche und des Auferstehens zu einer neuen Lebensstufe erreicht. Die Freude des Älterwerdens und des Reifens, das Empfinden der Lebensideale, die dem Menschen Geistesziele aufzeigen, das Erfühlen der Jugendkraft, das Unmögliche möglich machen zu können, verbinden sich mit der Osterzeit, welche die Christenheit durchlebt. Die Konfirmation ist selber Ausdruck des Österlichen in der Christenheit. Sie ist mit dem Leben des Auferstandenen innig verbunden, das todüberwindend in das Leben der betenden Gemeinde und der Menschen einzieht. Die Konfirmation ist ein Osterfest. Sie ist ein Fest der Freude. Die Weihe der Jugend ordnet sich ein in das »Weltverjüngungsfest« (Novalis), das Christus begründet hat.

Vollzug der Konfirmation

An der Schwelle zur Jugend

Die Kinder stehen vor der Tür. Sie versammeln sich. Sie sammeln sich in Ruhe. Vor sich haben sie die Schwelle zum Weiheraum. In ihm hat sich die wartende Gemeinde vereint mit allen Angehörigen, die ihrerseits durch ihre Ruhe den Raum der Stille bereiten. Der Priester steht am Altar; dann wird die Tür geöffnet. Der Weiheraum liegt vor den Kindern, und die Gemeinde erwartet sie. Ein Priester oder ein Ministrant gibt jedem Kind die Hand und empfängt es mit einem Wort. Später wird der Heranwachsende allein diesen Raum betreten. Er wird sich selbst »einreihen« können in die betende Gemeinde. Seiner Initiative wird anvertraut, was jetzt noch zum letzten Male unter dem Vorzeichen der elterlichen Entscheidung und der Führung steht. Dann gehen die Mädchen und Buben vor zum Altar.

Zum letzten Male nach sieben Jahren sonntäglichen Besuches und Teilnahme am Gottesdienst treten sie als Kinder vor den Altar. Der letzte Tag der Kindheit ist gekommen. Sie stehen an einer Lebenswende. Hinter ihnen liegt der letzte Kindergottesdienst, vor ihnen die Konfirmation, die den Zugang zur ersten Menschenweihehandlung erschließt.

Wir Menschen bedürfen der Sakramente und Feste, damit wir aus der Erinnerung Kraft für unser Leben schöpfen. Eine neue Landschaft liegt vor den Kindern. Sie werden heranwachsen zu Jünglingen und jungen Mädchen. Das Land der Jugend nimmt sie auf. Ob das Größer- und Älterwerden ein Absteigen und Verlassen von der Höhe der Kindheit bedeutet oder der Wille zur weiteren Reifung und Menschwerdung ein Aufsteigen zu einem jugendlichen Christen bewirken kann?

Die Angehörigen stehen gemeinsam mit den Erziehern ebenfalls an einer Wende. Elterliche Liebe und liebegetragene Autorität waren das pädagogische Grundmotiv für die Kindheit. Das Kind wurde geführt. Seine ersten Schritte und auch die Wanderung durch die erste und zweite Kindheit[15] standen unter der Leitung der Erwachsenen. Das Kind ahmte nach und folgte. Nun wird sich das Führen und Geführtwerden allmählich verwandeln in ein Vorangehen und freies Anerkennen. Im Rückblick auf die Kindheit spricht das Sakrament der Konfirmation ein Ideal aus, das wir erst anfangsweise erreichen und unter dem das Kindsein stand: Wie ein Stern leuchtete für die Seelen der Kinder Christus, auf den Mutter und Vater, Paten und Lehrer hingewiesen hatten. Im Religionsunterricht und in der kultischen Sonntagshandlung war die weisende Gebärde des Priesters Ausdruck für dieses leuchtende Ideal gewesen. Durch Vater und Mutter hindurch hat das Kind sein Gottvertrauen erbildet. Der Vater war Erfahrungsbild des väterlich-bergenden und tragenden Weltengrundes überhaupt; die Mutter war vor allem Leben hervorbringendes, Leben tragendes und liebendes Wesen, das in der Mütterlichkeit die Sphäre des Geistes darlebte. Vermittelte

15 Johannes Lenz, Der Gottesdienst für die Kinder, Stuttgart 1982.

sie nicht auch die »Mutter-Sprache« und damit den Zugang zu allem Sprechen, Denken, Verstehen und geistigem Leben?

Wie bei einer nächtlichen Wanderung durch einen dunklen Wald der Aufblick zu den Sternen Weg und Richtung weist, so war die erlebte Gottesliebe durch Menschen hindurch führend auf dieser Wanderung. In einem Augenblick drohenden Verirrens oder sich aufdrängender Verführung war in der Not eines möglich: der Aufblick zu Christus als Bild, Maß und Ziel des Menschen und damit als einem Wegweiser für den rechten Weg.

Wenn die Kindheit gelang, dann empfindet das Kind an der Schwelle zur Erdenreife, daß alle wahren Freuden des Lebens und auch die Leiden im Kindesalter auf einen Quell und Trost weisen, der fürsorglich durch einen Engel hindurch das Leben nährte und begleitete. So mag die Stimmung des Abschiedes von der Kindheit die Schwelle nach der Vergangenheit hin kennzeichnen. Zur Zukunft hin erwacht die Freude, heranzuwachsen und mit den aufleuchtenden Idealen in der Seele die Welt zu umspannen.

Das Gebet der Gemeinde

Mit der Taufe übernimmt die Gemeinde als Mitvollzieherin des Sakramentes die Aufgabe, die Seele zu tragen. Das geschieht in der ersten Kindheit gemeinsam mit den Paten und der Familie. Sie geleitet sie bei der Sonntagshandlung und durch den Religionsunterricht in der zweiten Phase der Kindheit. Die Konfirmation ist wieder ein Höhepunkt im Leben der Gemeinde, bei der sie als Konfirmationsgemeinde ihre helfende, fürbittende und damit bekräftigende Aufgabe fortsetzt.

Mit dem Priester wendet sich die betende Gemeinde zu Christus. Sie schaut auf zu seinem Bild, dem Zeichen seiner höheren Gegenwart. Sie bittet für die Kinder. Sie fleht darum, daß für die Seele der Kinder in all ihrer Differenzierung, die nun deutlicher wird im Alter der Reife, Gutes und Heilvolles dazukomme aus der göttlichen Welt. Sie bittet um Segen.

Wir Zeitgenossen haben vergessen, was Segen sein kann. Die Bilder des Alten Testamentes ragen aus ferner Vergangenheit herüber, etwa das Bild des sterbenden Erzvaters Isaak, der sich anschickt, seinem erstgeborenen Sohn Esau den Segen zu erteilen. Jakob[16], der Jüngere, erwirbt auf Anraten durch die List der Mutter Rebekka den

16 Emil Bock, Urgeschichte, Stuttgart ^{8}1990, Kapitel Jakob, S. 156ff.

Segen: Wie eine fast dingliche Kraft strömt der Segen von der Hand des blinden Vaters zu dem Sohne und bleibt auf diesem (1. Buch Moses, 27 ff.). Oder ein anderes Bild: König David holt nach der Eroberung Jerusalems die Bundeslade in die Stadt und erwählt damit Jerusalem zur Hauptstadt. Gott verheißt ihm durch den Propheten Nathan, daß der nachkommende Sohn dort das Gotteshaus erbauen würde. David »setzt sich vor dem Herrn nieder« und ringt in einer ergreifenden Bitte für sein Haus und sein Volk Israel um Segen:

»So fange nun an zu segnen das Haus deines Knechtes,
damit es ewiglich vor dir sei:
Denn du, o Herr, hast es gesprochen,
und mit deinem Segen wird deines Knechtes Haus
gesegnet sein in Ewigkeit.«

(2. Buch Samuel, 7 ff.)

Die Bibel ist voll von Bildern und Erzählungen, die zeigen, wie im Namen Gottes Segen durch Menschen gespendet wird.

Ist uns diese Welt wirklich so fern?

Welche Mutter hat nicht einmal einem schwerkranken Kind die Hand aufgelegt und gespürt, wie Ruhe und Befriedung auf das fiebernde Haupt überströmte? Mancher hat erlebt, wie ein Sterbender in seinem Todeskampf, der Agonie, dankbar empfängt, daß eine gütig lindernde Hand eine helfende Kraft zuströmen läßt, die das letzte Alleinsein heraufhebt in die helfende Gemeinsamkeit? Gibt es nicht Ehepaare, die aus Erfahrung in ihrem gemeinsamen Leben ahnen und wissen, was der Segen am

Anfang ihrer Lebensgemeinschaft als wirksame Kraft bedeutet?

Segen ist eine gute Kraft, die das, was die begleitenden Worte sagen, auch selbst bewirkt. Die Segenskraft geht durch die Handauflegung (Genesis 48, 14.17) oder auch durch Aussprechen des Wortes auf die gesegnete Person über (Genesis 27, 27 ff.).

Im Neuen Testament endet das Evangelium des Lukas mit dem Wahrbild der Himmelfahrt Christi, der seine Hände aufhebt und die Jünger segnet. Während des Segnens tritt er in eine tiefere Dimension der geistigen Welt ein. Sie nimmt ihn auf. Seine Jünger erreichen ihn jedoch mit ihrem Schauen nicht mehr (Lukas 24, 50).

Die Sakramente sind Mittel des Heiles und von Segen durchströmt. Sie entstammen der segnenden und wirkenden Hand Christi. Durch sie handelt Christus in der Gegenwart.

So kann die Bitte der Gemeinde um Segen während der Konfirmation gleichzeitig auf Erfüllung hoffen und Erfüllung bewirken. Es ist schon ein Segen, daß es überhaupt diese Konfirmation gibt. Und mit der Bitte um Segen leuchtet die Hoffnung auf, daß dieser Segen durch das ganze Leben – wenn auch verborgen – durchträgt und im Anblick des Todes stärkt.

Das Hohepriesterliche Gebet – das Gebet des Christus Jesus

Nach der Fürbitte der Gemeinde wendet sich der Priester wieder zu den Konfirmanden und der Gemeinde. Alle stehen auf. Stehend wird das Wort des Evangeliums gehört. Das Evangelienwort und das Wort des Sakramentes entstammen der gleichen Quelle. Sie durchdringen einander und folgen aufeinander. Aus dem Evangelium des Johannes wird das Hohepriesterliche Gebet gesprochen und gehört (Johannes 17,1–10). Im Rahmen der sogenannten Abschiedsreden Jesu (Johannes 13,31–17,26) und des ganzen Evangeliums nimmt dieses Gebet eine einzigartige Stellung ein. Gesprochen ist es an der Schwelle des Todes. Der Karfreitag steht bevor: »Vater, die Stunde ist gekommen.« Nach dem Gebet folgen die Gefangennahme, das Verhör, die Verurteilung und die Kreuzigung. Es ist vermächtnishaftes Wort. Im Bewußtsein des nahen Todes spricht Jesus Christus zum Vater das Gebet für die Seinen. Er tut dies wie ein Hoherpriester. Dessen Aufgabe im Judentum war seit Aaron, für sein Volk zu beten. Fürbittend trat er für das Volk ein (Weisheit Salomonis 18,21 f. 2. Buch der Makkabäer 15,12).

An der Schwelle zum Tod bittet der Sohn um die Aufnahme in die Welt des Vaters. Sie soll seinen Erdenauftrag verherrlichen. Auf Erden hat er dem zeitlichen Leben von Mensch und Erde im Sinne dieses Auftrages das ewige Leben einverleibt. Gotteswelt und Menschenwelt ist in Jesus Christus, der selber Gott und Mensch war, geeint. Durch die Anerkennung Jesu Christi verbinden sich die Menschen damit dem Ewigen.

Dann spricht der Betende die Fürbitte für die »Seinen« aus: für die Jünger, die ihm nachfolgen, für die, die sich ihm verbunden haben und sich im Glauben ihm und seinem Worte einen. Christus betet als Hoherpriester für seine Gemeinde.

Denken wir an das Gebet des Vaterunsers, das auf dem Berg der Seligpreisungen bei Kapernaum gestiftet wurde. Es steht im Zusammenhang der Bergpredigt (Matthäus 6,9 ff.). Zunächst wurde es den Jüngern anvertraut. Diese reichten es der werdenden Christenheit weiter. Wenn wir es sprechen und beten, spricht damit Christus mit. Oder anders gesagt, indem wir es sprechen, sprechen wir es Christus nach. Wir mögen empfinden, daß wir es gemeinsam mit ihm sprechen und uns damit gemeinsam mit ihm dem Vater zuwenden.

So sagen wir das Hohepriesterliche Gebet für die werdenden Jugendlichen. Im Hören verbinden sie sich selbst dem Worte Christi in diesem Gebet. Sie werden in der Jugend Augenblicke erleben, in denen sie leise oder deutlicher von der Macht des Todes berührt werden. Zunächst mögen es nur Langeweile, Nichtstun, Gammelei, eben unerfüllte Stunden sein. Während das Kind – wie auf niederer Ebene das Tier – die Frage nach dem Sinn des Lebens nicht kennt, weil es sinnvoll *lebt* und geborgen ist im Sinnzusammenhang der Welt, fällt der Heranwachsende aus dem sinnvollen Schöpfungszusammenhang allmählich heraus. Der Abschied von der Kindheit ist wie das Verlassen des Paradieses. Hat er nicht die Initiative und die Willenskraft, am Sinn seines Jugendlebens selbst mitzubilden, wird ihm leicht ein Blick in die heutige Welt Zweckloses und Sinnloses enthüllen, das dann auch als Stimmung seine Seele umdüstert.

Zum Rätsel des Jugendalters gehört die Nähe des Todes. Im Tieferen seiner Seele spürt der junge Mensch, daß das Rätsel des Todes zugleich das Rätsel der geistigen Welt ist. Das Erfahren des Geistes und damit das wahre Leben muß mit dem Durchschreiten der engen Pforte zusammenhängen. Leitet ihn niemand an, auf rechte Weise den Weg zu finden, wie er im Reiche der Ideale und der Welt der Ideen, auch in der Herzenskraft der Liebe die Sinnerfüllung für das Leben findet, wird er mit falschen Mitteln am eigenen Abbau, an der Zerstörung, am Tode wirken. Der jugendliche Suizid, der selbstbereitete Schülertod, ist nur ein ernstes Beispiel dafür. Scheinbar geringe Anlässe lassen den Jugendlichen das Leben wegwerfen, das ihn nicht trägt. Manchmal stehen Angehörige fassungslos vor einem solchen Schritt, von dessen Anbahnung sie nichts ahnten.

Das Sakrament birgt Lebensweisheit. Ihm ist dieses Geheimnis vertraut. In ihm liegt auch die helfende und heilende Antwort.

Das Hohepriesterliche Gebet wird nicht nur in der Konfirmation gesprochen. Es gehört auch zum Sakrament der Heiligen Ölung. Diese beginnt mit einer möglichen Beichte und dem letzten Abendmahl. Dann wird das Hohepriesterliche Gebet als Übergang zur Ölung gesprochen. Der Sterbende wird an der Schwelle zum Tode auf das Durchschreiten des Todes und die Ankunft in der geistigen Welt vorbereitet. Auch er wird geborgen in die Fürbitte des Hohenpriesters Christi.

So wird dem Jugendlichen eine Kraft der inneren Todüberwindung mitgegeben. Sie soll ihm in jenen Stunden helfen, in denen seelisch der Tod zart oder gröber nach ihm greift. Sie erreicht seine Seinstiefen und begleitet ihn selbst dann, wenn er das Schicksal eines jugendlichen Sterbens zu durchleben hat. Es wird ihm Hilfe sein, daß er im Augenblick der Konfirmation bewußt auch vor einem inneren Augenblick des Todes stand. Ist nicht auch der Altar eine Grabesstätte, an der das höhere Leben sich schenkt?

Die Segnung

Nach dem Sprechen des Hohenpriesterlichen Gebetes stehen die Konfirmanden an den Stufen des Altars. Der Konfirmator tritt vor jedes Kind hin und vollzieht durch die Auflegung der Hände die Segnung.

Aus dem Evangelium ist die Szene bekannt, daß Kinder zu Jesus Christus gebracht wurden, damit er sie anrühre. Während die Jünger dies als Zumutung empfanden und sich unwillig zu den umstehenden Erwachsenen äußerten, sprach Jesus zu ihnen:

»Lasset die Kinder zu mir kommen und wehret ihnen nicht; denn solcher ist das Reich Gottes. Amen, ich sage euch: Wer das Reich Gottes nicht empfängt wie ein Kind, der wird nicht hineinkommen. Und er herzte sie und *legte die Hände auf sie und segnete sie*« (Markus 10, 13–16).

Das Kind ist seinem Wesen nach dem Reiche Gottes noch nahe. In ihm lebt es und ist erst anfänglich herausgefallen. Begegnet es Christus an der Schwelle zur Jugend, dann vermag die Handauflegung und Berührung durch ihn Segen mitzugeben, damit auch weiterhin die lebendige Beziehung zum Reiche des Geistes und zur Führung des Christus bleiben kann.

Rembrandt hat den Augenblick in einem großen Bild festgehalten, wie Jakob seine Enkel Ephraim und Manasse durch Auflegen der Hand segnet (1. Buch Moses 48,14).

Das im Schloß Kassel-Wilhelmshöhe ausgestellte Bild zeigt eindrucksvoll den Gestus, wie durch Berührung der Hand der Segensstrom »übertragen« wird auf einen der Söhne Josephs.

Ein anderer Aspekt der Handauflegung ist die Heilung: die therapeutische Wirkung menschlicher Hände, wie sie urbildhaft von Jesus Christus beschrieben wird:

»Nur wenigen Kranken legte er die Hände auf und heilte sie« (Markus 6,5).

Auch hier gilt für uns Zeitgenossen, daß wir die beruhigende, lindernde, kraftschenkende und aufbauende Wirkung wohltuender Hände kennen. In Zärtlichkeit und im Geben der Hände, durch »ärztliches Handeln«, durch rhythmische, entkrampfende Massage können Hände Organe verschiedener Stufen des Heilens und Werkzeuge menschlicher Verbundenheit und des Segnens sein.

Mit der Handauflegung spricht der zelebrierende Priester das Wort des Segens. In der Kindheit wurde das Kind im tiefsten Sinne geführt durch Christus, der durch den Tod am Kreuz und die Überwindung des Todes in der Auferstehung die Menschenseelen auf objektive Weise gerettet hat. Subjektiv bedürfen wir der Aneignung dieser Heilstatsache. Sie muß, sie soll erst für uns fruchtbar werden. Wir müssen uns erwerben und erdienen, was als Gnadentat seit Golgatha wirksam ist. Im besonderen Sinne sind es im Jugendalter die Lebenskräfte, die Kräfte und Gewalten, die nun in der Seele erwachen, und die Ziele, die sich der junge Mensch für sein Leben setzt.

Die Lebenskräfte machen eine entscheidende Wandlung durch. Aus der reinen unschuldigen Art, wie sie pflanzenhaft das Wachstum des Kindes bewirkten, kommen sie durch die Geschlechtsreife in Zusammenhang mit dem erwachenden Intellekt und der Entwicklung der Seele. Ob sie im Sinne der Schöpfung eines Tages der Fortpflanzung dienen oder ob sie die Seele drangsalieren durch zunehmenden Mißbrauch der Sexualität, ist eine der Problemfragen, die an dieser Schwelle auftauchen. Die Lebenskräfte werden zum moralischen Problem.

Die Seele kommt gerade erst als selbständiges Wesen zur Welt. Bisher spiegelte sie die Seele des Vaters und der Mutter wieder. Sie reagierte. Im Reifealter erwacht sie zu sich selbst. Sie beginnt zu agieren. Die Individualisierung setzt ein. Das Eigenwesen macht sich geltend, oft auch die »Eigenheiten«. Während der Knabe nun dazu neigt, seine Tiefe zu verbergen, sich zurückzuziehen und bei Berührung der zarten Seelenhaut Stacheln zu zeigen wie ein Igel, wendet sich das Mädchen mit erwachender Selbstsicherheit nach außen. Es zeigt, was es hat und kann, und sucht sich in seinem Wert in das Leben hineinzustellen.[17]

Wer Konfirmandengruppen unterrichtet und erlebt hat, weiß, wie unterschiedlich die Entwicklung bei Buben und Mädchen in diesem Alter verläuft. Oft hat man den Eindruck, daß die Mädchen trotz Gleichaltrigkeit um Jahre voraus sind.

Für die Erwachsenen ist wichtig zu fühlen, daß trotz des leiblichen Heranwachsens zu männlicher Größe und weiblicher Entfaltung die Seele noch kindhaft, ja erneut

17 Rudolf Steiner, Menschenerkenntnis und Unterrichtsgestaltung, Vortrag vom 16.6.1921, Dornach 1978, Bibl. Nr. 302.

erst zur Welt kommend ist. Die Mächte, die sich im Seelischen zeigen, das Hoch und Tief, das im ständigen Wechsel durchlebt wird, können durch das ganz jugendliche Ich noch nicht beherrscht und geführt werden. Sie durchziehen die Seele, sie bewegen sie, sie lassen sie zu den Extremen hin tendieren. Mitte und ruhige Kontinuität sind noch nicht gefunden. Ein eindrucksvolles Zeugnis dieses Seelenalters ist das Tagebuch der Anne Frank. Das jüdische Mädchen schrieb aus dem tiefen Bedürfnis nach Seelenfreundschaft mit wachem Geist und guter Selbstbeobachtung ihre Briefe in das Tagebuch und charakterisierte, was in einer Mädchenseele in diesem Alter vor sich gehen kann.

Ideale erwachen, Leidenschaften werden entdeckt. Die Seele möchte sich bis zu den Sternen weiten und kommt oft mit den kleinsten Anforderungen der Schule oder der Umgebung nicht zurecht. Freundschaften werden wichtig. Die Liebekraft entwickelt sich. Und wenn es auch noch nicht die individualisierte Liebe zu einem bestimmten Partner allein ist, so keimt und rumort die Kraft der Menschenliebe auch in Gestalt der Liebe zu dem anderen Geschlecht in der Seele. Der »Star« – Stern – mag Ausdruck dafür sein, daß die Sehnsucht auf Menschen zielt, die etwas von der Größe und Leuchtkraft eines Sternes in sich tragen und vermitteln können.

Ist es Schuld der Jugendlichen, wenn so wenig leuchtende Vorbilder unter den Erwachsenen sind, so daß sie nur auf – manchmal auch fragwürdige – Starideale blicken können? Die Seele braucht Führung. Noch nicht erwachsen zur freien und inneren Selbständigkeit, aber bereits in einem erdenreif gewordenen Leibe wohnend, sucht sie ihre führende Mitte. Sie sucht ihre zielende Kraft und ihre Orientierung.

Und wie ist es mit den Zielen, die sich der junge Mensch für sein Leben setzt?

Bei der Taufe war das Bestimmungsziel über der Seele des Täuflings ausgesprochen: In ihrem Leben soll sie zur Sphäre des Geistes eine Lebensbeziehung finden. Mit dem Anfang der Christwerdung leuchtet das Ziel auf, das Leben in den Dienst des Geistes zu stellen, für den Geist in all seinen Formen zu leben. Sphärisches umgibt ja das Kind. Es lebt noch in diesem, erst allmählich wächst es aus der ernährenden und tragenden Hülle heraus. Bei der Sonntagshandlung im zweiten Jahrsiebt wurde die Verheißung ausgesprochen, daß der Geist Gottes nahe sei, wenn er gesucht wird. Nun ist der Geist für den heranwachsenden Jugendlichen nicht mehr sphärische Hülle, sondern er wird bewußtes Ziel und persönliches Gegenüber. Mit der Persönlichkeitswerdung des Menschen verdichtet sich das Gotteserlebnis sphärischer Art zum persönlichen Gott, der personhaftes Gegenüber und höheres Du ist.

Die Einsegnung schließt die Bitte und Hoffnung ein, daß der Geist des Christus diesen Menschen leiten möge als Weggeleiter durch Schweres und Schönes, durch Licht und Schatten des Lebens. Die Kinder nehmen bei gründlicher Vorbereitung den Segen mit hingebungsvoller Offenheit auf. Sie vermögen zu spüren, daß ihr Zukunftsschicksal einen Augenblick lang für sie vor dem Herrn des Schicksals offensteht und die tiefe Liebe des Christus zu der Seele, die sich ihm öffnet und erschließt, wärmend und leuchtend wirksam wird.

Das neue Lebensalter kann beginnen.

Der Schritt ins Leben

Innerhalb der Konfirmationshandlung kann eine Ansprache folgen. Sie gehört nicht zu dem fest bestehenden und bleibenden kultischen Wort. Sie ist freies Wort. Der Prediger verantwortet sie selbst. In der Zuwendung zu den Konfirmanden wird der Lebensaugenblick berührt, in dem sie jetzt stehen.

Ein Gemeindelied oder Instrumentalmusik können eingefügt werden.

Dann endet der erste große Teil der Konfirmation, das erste der beiden Sakramente, mit einer Entlassung. Tief kann es bewegen, daß eine Entlassung erfolgt, deren Ziel das Leben ist.

Was aber ist das Leben?

Vor dem Altar kann nicht nur das natürliche Leben gemeint sein. Es durchdringt Pflanzen, Tiere und Menschen und macht sie zu Lebe-Wesen auf dieser Erde. Lebenskraft durchdringt alle Bildungen des Lebendigen und hüllt den Erdorganismus als Bio-Sphäre ein. Sie ist auf der biologischen Stufe Ausdruck eines höheren Lebensprinzips, das den Menschen geistig-seelisch speist. Auf die Konfirmation folgt die Menschenweihehandlung. Weist die Komposition des Doppel-Sakramentes uns in diese Richtung? Die Menschenweihehandlung ist das zentrale Sakrament des Gemeindelebens. Wie von einem geistigen Quellort nimmt alles christlich-religiöse Leben von hier seinen Ausgang. Nicht nur, daß sie die innere Zusammenfassung der anderen sechs Sakramente ist. Auch als Gemeinschaftsgebet ist sie die hohe Schule des menschlichen Betens. Für das geistige und religiöse Leben stellt sie Ausgang, Mitte und Ziel dar.

Die Entlassung entläßt in die Weihehandlung. Sie gibt damit die Orientierung, daß das wahre Leben, das den Tod übergreift und nicht mit ihm endet, in ihr zu finden ist. In ihr pulsiert das Leben, das der Auferstandene aus sich heraus der Menschen- und Erdenwelt spendet. Rhythmisch durchpulst es die Zeit aus den Quellgründen der Ewigkeit. Sehr rasch müßten die Lebenskräfte des Heranwachsenden verbraucht sein und von der Lebensmitte an welken, wenn nicht ein Leben höherer Art dem Abbau einen Aufbau, dem Verbrauch eine neue Schöpfung, der Verzehrung eine Wegzehrung entgegensetzte.

»Ich bin der Weg, die Wahrheit und das Leben«, sagt Christus. Nehmen wir dieses Wort konkret, dann *ist* er das *Leben*. Von ihm, durch den alles entstanden ist (Johannes 1), geht es aus, und zu ihm führt es hin. Das Leben in der Zeit zwischen Geburt und Tod ist nur ein Ausschnitt, auch wenn es ein wichtiger, entscheidender und für unser Erdenbewußtsein im allgemeinen ein einmaliger ist. Würden wir die Gesamtheit des menschlichen Lebens überschauen, dann wäre uns die Nähe zu dem Leben Christi bewußt. Der Schritt ins Leben ist in Wahrheit ein bewußter Schritt auf das Leben Christi zu.

Die Menschenweihehandlung

Der Übergang

Mit dem Abschluß des Sakramentes der Konfirmation tritt der Konfirmator an die linke Seite im Altarraum. Er legt nun die Gewänder ab, die er zu diesem Sakrament getragen hat. Dann wird er mit Hilfe der Ministranten angekleidet für die folgende Weihehandlung.

Das Gewand, das hierbei einen Augenblick der Gemeinde sichtbar wird, ist der schwarze Talar. Talus heißt im Lateinischen »Knöchel«. Der Talar ist ein Gewand, das bis zum Knöchel reicht und die ganze Gestalt umhüllt. Man mag auch mitempfinden, daß damit der »Knochenmann«, die Leiblichkeit des Menschen, umkleidet wird. Diese ist sterblich und unterliegt der Macht des Todes: Schwarz ist dafür die angemessene kultische Farbe.

Darüber wird die Alba – »Weiße« – angelegt und getragen. In diesem Gewand des Priesters, das Zeichen für das höhere, todlose Leben ist, erscheinen bildhaft die gereinigten, verwandelnden Lebenskräfte, die hell und durchlichtet sind. Wir erinnern an das grandiose Bild der Verklärung Jesu Christi auf dem Berge. Er nahm Petrus, Jakobus und Johannes zu sich auf die Höhe des Berges, »und er ward verklärt vor ihnen, und sein Angesicht leuchtete wie die Sonne, und seine Kleider wurden weiß wie das Licht…« (Matthäus 17,1.2).

Schon im Alten Testament leuchtet das Motiv auf: »Laß

dein Gewand immer weiß sein…« (Prediger 9,8). Engel erscheinen immer im weißen Gewande (z.B. Johannes 20,12). In der Offenbarung des Johannes spricht Christus durch den Apokalyptiker zu dem Engel der Gemeinde in Sardes:

»Aber du hast etliche zu Sardes, die ihre Kleider nicht befleckt haben, die werden mit mir wandeln in weißen Kleidern, denn sie sind es wert« (Offenbarung des Johannes 3,4).

Das Bild steigert und verdichtet sich noch:

»Ich rate dir, daß du… weiße Kleider kaufest und dich antust damit…« (Offenbarung des Johannes 3,18).

Im weißen Gewand, in der Lichtgewandung des Verklärten wird Christus dem schauenden Blick der Jünger offenbar. Auch die Christenmenschen, die genügenden Anteil an der Wandlungskraft Christi genommen haben, werden mit weißen Gewändern angetan. Ja, in der Apokalypse wird sogar geraten, sich weiße Kleider zu »erwerben«.

Das weiße Gewand empfängt der Priester als zweite Hülle zu dem schwarzen Talar: Tod und Unsterblichkeit, Dunkel und Licht, Schwarz und Weiß werden im Kultus sichtbar. Der Blick auf das weiße Gewand ist Teil des kultischen Sehens. Allmählich prägt sich auf diese Weise die Gemeinde das Bild vom weißen Gewand »ein« und reinigt damit selbst die eigenen Bildekräfte.

Dann wird zuerst der Gürtel und darauf die Stola als Zeichen der priesterlichen Würde angelegt. Als letztes wird die Casula übergelegt, das Gewand, das zum Zelebrieren des Altarsakramentes notwendig ist und dabei immer getragen wird.

Wem der Kultus als solcher fremd ist, der wird es schwer haben, in einer solchen Umkleidung vor der Gemeinde einen Sinn zu entdecken. Wem der Kultus näher vertraut ist, der wird fühlen, daß jedes Sakrament seine angemessene und entsprechende kultische Gewandung braucht. Im Bilde muß erscheinen, was jeweils geistig wahr ist. Gilt nicht auch schon im zivilen Leben, daß in der Kleidung den kulturellen Zielen und Empfindungen Ausdruck verliehen wird? Wie kleiden wir uns zu einer Wanderung? Was ziehen wir zum beruflichen Alltag an – den blauen Overall des Monteurs oder den weißen Mantel des Arztes? Wie sieht ein festliches Gewand aus? Wer die Wesensart eines Sakramentes empfinden lernt, wird eines Tages einsehen, warum vom Priester zu einer Taufe ein anderes Gewand als zu einer Bestattung, zur Konfirmation andere Gewänder als zum Vollbringen der Menschenweihehandlung getragen werden.

Ist die feierliche Umkleidung abgeschlossen, dann tritt der Priester mit den Ministranten von der Seite wieder zurück und begibt sich zur Mitte, unten vor den Altar. Die Menschenweihehandlung beginnt. Es ist die erste Weihehandlung, welche die gerade Konfirmierten am Anfang ihres Jugendalters voll miterleben und anfänglich mitvollziehen.

Die erste Kommunion

Ein gesundes Kind ißt gern. Mit Freude nimmt es auf, was die Erde gibt und durch die mütterliche Hand verwandelt zur Nahrung wird. Das Essen erhält das Leben. Die natürliche Lebenskraft ist darauf angewiesen, daß sie im Rhythmus – im allgemeinen dreimal täglich – durch die Nahrungsaufnahme angeregt und gestärkt wird. Die feste Nahrung für den Hunger, die flüssige für den Durst sind lebensnotwendig.

Mit der Taufe kommt zusätzlich zur natürlichen Ernährung eine übernatürliche Speise hinzu. Sie wird zunächst durch das Sakrament der Taufe veranlagt und später mit der seelisch-ernährenden und aufbauenden Nahrung der Sonntagshandlung für die Kinder und des Betens mit dem Kinde geschaffen. So, wie wir schon im menschlichen Bereich wissen, daß die Zuwendung und Liebe aufbauenden und ernährenden Charakter haben, so erfährt das Kind die Gottesliebe durch die Eltern, Verwandten und Paten, später auch durch die Lehrer.

Mit der Konfirmation beginnt die religiöse Selbständigkeit. Der Christenmensch wird gleichsam geboren und aus der schützenden, fürsorgenden und nährenden Hülle anfänglich entlassen. Damit beginnt auch die Notwendigkeit, daß er sich selbst ernährt.

Die Speisung des Geistigen und Seelischen im leiblichen

Menschen wurde mit dem Abendmahl durch Jesus Christus begründet. Vom Ostersonntag an begleitet dieses Mahl die werdende und heranwachsende Christenheit. Mit den Substanzen des Brotes und des Weines hat sich Christus selber verbunden. Er gab sich damals und gibt sich heute mit ihnen an die Menschen hin. Diese irdischen Substanzen mit ihren Lebenskräften werden in der Menschenweihehandlung zu seinem Leib und zu seinem Blut. Wie in der Natur durch die lebenspendende Kraft der Sonne jährlich Erdenstoffe zu Korn und Traube, dann dank der Tätigkeit des Menschen durch Backen und Keltern zu Brot und Wein verwandelt werden, so werden durch die lebendige Kraft Christi das Brot in seine Leiblichkeit, der Wein in sein Blut verwandelt. Was wir in der Nahrungsaufnahme immer vollbringen, die festen und flüssigen Erdenstoffe in unseren Erdenleib und unser Blut zu verwandeln, das vollbringt Christus auf letzter Stufe durch die Transsubstantiation von Brot und Wein in seinen Leib und sein Blut, so daß sie zur höheren Nahrung für den Menschen werden.

In der Kommunion – der Vereinigung –, die den Höhepunkt und den Abschluß der Menschenweihehandlung bildet, verbindet sich der Mensch der Gottheit. Er vereinigt sich mit Gott. Er erfüllt Geist, Seele und Leib mit der Lebenskraft und dem Lebensblute Christi. Er nimmt dadurch göttliche Substanz und göttliches Leben in sich auf. Sie bauen ihn auf und erbauen ihn. Dabei gehört es zum Mysterium des Christentums, daß die Kommunion nicht nur geistig vollzogen wird. Sie ist auch nicht nur für die Seele da. Sie erreicht auf dem natürlichen Weg der Nahrungsaufnahme durch Essen und Trinken die physische Leiblichkeit des

Menschen. Christus berührt im und durch den Menschen dessen Natur. Denn die Kraft des Auferstandenen bewirkt gnadenhaft auch die ganz allmähliche Verwandlung, Auferstehung des Menschen, die als Höchstes seine Leiblichkeit einbezieht. Die Unsterblichkeit des Menschen nach Geist, Seele und Leib wird durch das Abendmahl mitbewirkt.

Am Tage der Konfirmation nimmt und empfängt der werdende Jugendliche zum ersten Male die Kommunion.

Ein bewegender Augenblick ist es, wenn ein neugeborenes Kind zum ersten Male, aus der mütterlichen Hülle entlassen, an der Brust die Muttermilch zu sich nimmt und später allmählich die erste Erdennahrung. Auf anderer Stufe ist die Feier des ersten Essens und Trinkens beim Heiligen Mahle für die werdenden Gotteskinder ein hohes Fest. Der Altar wird zum Tisch. Die weiße, reine Decke, die ihn bedeckt, ist Zeichen dafür, daß alles für das Mahl bereit ist. Das Bild von Patene – der Schale für das Brot – und goldenem Kelch – dem Gefäß für den Heiligen Trank – enthüllt sich erstmals vor den Augen der Kinder. Sie sind geladen zu diesem Mahle. Sie sind Gäste zu diesem »Hochzeitsfest« der Vereinigung. Und wenn der vorbereitende Taufprozeß genügend tief taufend und »eintauchend« gewirkt hat, nehmen sie Leib und Blut des Herrn in hingebungsvoller Offenheit auf.

Der Akt der Kommunion ist dreiteilig. Zunächst empfängt mit dem Brot das Kind den Leib des Herrn. Dann wird der Kelch und mit ihm durch den Wein das Blut des Herrn »geschenkt«. Es kommt hinzu, daß der Priester an die Kommunikanten herantritt, die linke Wange jedes Einzelnen mit den segnenden Fingern der rechten Hand berührt und durch das Sakrament das Wort des Friedens spricht, das Christus dem Menschen zuwendet.

Der Friedensgruß ist der Gruß des Auferstandenen. Schon bei seinem ersten Auftreten und Wirken nach der Auferstehung sprach er zu den Jüngern: »Der Friede sei mit euch« (Lukas 24,36). Er beginnt damit nach seinem Tod und der Auferstehung zu erfüllen, was er in seinen Abschiedsreden schon verheißen hatte:

»Den Frieden lasse ich euch,
Meinen Frieden gebe ich euch,
Nicht gebe ich euch, wie die Welt gibt.«
(Johannes 14,27)

Mit der ersten Kommunion beginnt der werdende Christ seine göttliche Ernährung, damit das Gottesleben in ihm angeregt, verlebendigt und gestärkt wird. Er erfährt aber auch erstmalig in dem Alter, in dem sich Leib und Geist entgegenstehen können und die Seele Kampf und Unfrieden erleben und erleiden kann, die schenkende Kraft des Friedens. Paulus nennt Jesus Christus im Brief an die Philipper den »Gott des Friedens« (4,9). Der Gott des Friedens verbindet sich den Konfirmanden.

So umfaßt die erste Kommunion die Vereinigung mit Leib, Blut und dem Frieden Christi. Die Menschwerdung des Jugendlichen kann sich über die Schwelle von der Kindheit zur Jugend hinaus fortsetzen und gestärkt und erfüllt werden durch den Prozeß der andauernden Konfirmation, welcher aus dem einmaligen Akt der Konfirmation hervorgehen kann.

So, wie die natürliche Nahrungsaufnahme rhythmisch erfolgt, ist es für die Kommunion sinnvoll, daß sie in einem selbstgewählten Rhythmus empfangen wird und so ihre Kraft spenden kann. Dieser Rhythmus kann mit dem Priester besprochen werden. Die erste Kommunion kann damit zum Anfang eines Kommunizierens innerhalb der Menschenweihehandlung werden. Mit dem letzten Abendmahl im Zusammenhang mit der Heiligen Ölung erfährt es am Ende des Lebens seine Vollendung.

Die Weihehandlung im Jugendalter

Das Kind hat vielleicht schon einmal nach dem neunten Lebensjahr eine Menschenweihehandlung miterlebt. Dabei stand es staunend vor dem Bild dieser Handlung. So stehen Menschen einer frühen Stufe der Frömmigkeit vor der Bilderwand – der Ikonostase. In der orthodoxen Kirche steht diese Wand, die sich aus heiligen Bildern zusammensetzt, vor den Augen der Gläubigen. Sie verbirgt den Altarraum, der zum Mysterium gehört. Die Gläubigen schauen das Heilige in Gestalt der Ikonen, der heiligen Bilder.

Das Wort der Handlung war dem Kind beim ersten Erleben noch nicht vertraut. Jetzt hebt die erste Menschenweihehandlung an, deren innere Richtung und Intention den Kindern an der Schwelle zur Jugend gilt. Sie wird geradezu für die Konfirmanden gehalten, auch wenn die Gemeinde tragend mitfeiert. Die ganze Größe des lebendigen kultischen Bildes der österlichen Weihehandlung entfaltet sich vor den Augen der Kinder. Die Augen und damit das Sehen sind noch nicht voll »aufgetan« für die Sinneswelt allein. Ein Teil des Sehens ragt – nun bereits verlöschend – in die geistige Welt hinein. Die Wahrheit einer kultischen Gebärde, der Sinngehalt einer kultischen Farbe werden noch unmittelbar erlebt. Der Wortlaut enthüllt sich in seiner ganzen Dichte und Gewalt. Ein Leben lang wird der

Hörende hineinwachsen können, um immer mehr mit dem Ohr aufzunehmen, was im Kultuswort ertönt. Die Ganzheit dieser geistigen Tat, die im und durch das Sakrament geschieht, wird der Jugendliche, der nach Taten drängt, erst allmählich als den Urgrund alles menschlichen Handelns entdecken können.

Wie kann der Jugendliche eine lebendige Beziehung zur Weihehandlung finden?

Zum Teil entscheidet sich diese Frage schon in der Kindheit. Leben die Eltern und lebt die Familie so, daß der Sonntagvormittag geheiligt ist durch den Gang zum Gottesdienst, und ist dies Sitte und Brauchtum geworden, dann trägt der junge Mensch aus der Kindheit diesen Wochenrhythmus in sich. Seine eigenen Bildekräfte sind nach diesem gottgegebenen Rhythmus »durchrhythmisiert«. Er trägt das heilige Bild wirksam in seinen Lebenskräften.

In diesem Lebensalter erweist sich, ob die acht Jahre der zweiten Kindheit[18] wirklich durch den Lebensrhythmus der Sonntagshandlung gebildet und geprägt waren. Zum anderen ist es auch die Frage, ob der Jugendliche allein zum Gottesdienst geht, sich vereinzelt oder gar vereinsamt fühlt. Das gemeinsame Lebensalter spielt eine wichtige Rolle. Schon Menschen in der Lebensmitte sind als Angehörige einer vorangehenden Generation »alt«. Und gar die Großmütter und Großväter! Zu Hause geliebt, wenn sie sich entsprechend verhalten..., geht man in der Öffentlichkeit auch an ihnen vorbei, wendet sich den Altersgenossen und nicht den »Alten« zu. Selbst in der Ge-

18 Johannes Lenz, Der Gottesdienst für die Kinder, S. 16 ff.

meinde sitzen junge Menschen gern beieinander. Sie treffen sich vor dem Gottesdienst, sie begegnen einander gern danach. Sie gehen selbst leichter zur Kommunion, wenn sie im Kreis Gleichaltriger sind. Das deutet auf eine weitere Schicht der Frage.

Junge Menschen haben oft nicht die Empfindung, daß sie für sich Religion brauchen. Sie wollen entdecken, daß die Welt Religion braucht. Die Erde, die Elemente, die Pflanzen, die lebende Kreatur, die Mitmenschen: alles benötigt die belebende Kraft des Sakramentes. Und die jugendgemäße Frage lautet nicht: »Brauche ich das für mich?«, sondern: »Braucht das die Welt?«. Und wenn es die Welt objektiv braucht, lautet die Frage nur noch, ob ich helfen kann und will und in welchem Maße mir das möglich ist und meine übrige Tätigkeit es erlaubt.

Jesus war von Beruf Zimmermann, er baute Häuser, Wohnungen für Menschen auf Erden. Dabei ging er mit Holz und anderen Materialien um. Er gebrauchte Werkzeuge. Das Evangelium sagt zu seiner Berufsbezeichnung »technites«. Er war ein Mensch, der eine »techné« beherrschte, ein Mensch der Zeitenwende. Die Technik bestimmt nach der Zeitenwende zunehmend das Los der Gegenwart und Zukunft. Durch Jesus Christus wird der Neubau der Welt begonnen. Die alte Welt wird allmählich zur Ruine. Der Neubau der Weltverwandlung hat mit ihm seinen Anfang genommen. Er ist gleichsam der Architekt, der den Bauplan entworfen hat. Alle, die bei diesem Bau helfen wollen, sind Werkleute, die Werkgemeinschaft derer, die den unsichtbar-sichtbaren Neubau errichten. Werkstattstimmung: davon sollte in einer Gemeinde, die von objektiver Weltfrömmigkeit durchseelt ist, etwas herrschen. Der junge Mensch wird sich selbstlos eingliedern und mithelfen, wenn er diese nüchtern-heilige Stimmung spürt. Ist es nicht bezeichnend, daß im handwerklich orientierten Mittelalter der Gläubige, wenn er zum Altar aufblickte, Äxte, Beile, Sägen in den Händen der Apostel sah?

Die Gemeinde als Werkgemeinschaft von Bauleuten, die in gemeinsamer Arbeit den Tempelbau einer zukünftigen Welt errichten – beseelt sie selbstlose, auf eine Weltaufgabe hin gerichtete Gebetshaltung, so wird sich der Jugendliche leichter eingliedern können. Trägt er doch als Spätergeborener Ideale in sich, die über das hinauszielen, was die Generation vor ihm schon erreicht hat. Und eine Gemeinde tut gut daran, jungen Menschen nach der Konfirmation herzliche Bereitschaft entgegenzutragen und in der Frage zu leben: Was bringst du Neues? Was trägst du Weiterführendes als Ideal in dir? Mit welchen Hoffnungen und Impulsen kommt deine Seele zur Welt? Was kannst du beitragen? Und wo hindert das bisher Gelebte und Gewordene – die zu feste Gestalt – das Werden, das Du mitbewirken willst?

Noch ein anderes Problem soll berührt sein:

An der Schwelle zur Jugend hat der Jugendliche auf seiner anhebenden Lebenswanderschaft noch wenig Gepäck bei sich. Fehler hat er gemacht, erste Schwächen erlebt und erlitten, auch Ungutes getan oder gar Böses gewollt. Doch ist er im ganzen noch unbeschwert, wie frei von »Schuld und Fehle«. Er spürt im Betreten eines Weiheraumes, wieviel Schicksal und Schicksalslast ältere, lebenserfahrene Menschen vor Gott hintragen. Irrtümer und Schuld, Verwicklungen und Sünden, menschliche Schwächen und drückende Lasten – sie werden alle durch Schicksalträger bittend zum Altar getragen. Die Stimmung ist gekennzeichnet durch das stille Bitten um Hilfe und Befreiung, Errettung und Erlösung. Sind zu wenige Jugendliche da, dann mag der seelische Charakter ein wenig zu stark nach dieser Seite neigen. Die Stimmung im Raum ist anders. Das Leichte und das Freudige, die Stimmung des Dankes für das Leben, die Hingabe unverbrauchter Jugendkraft im reinen Opfer schaffen einen veränderten Stimmungsraum. Wer Weihehandlungen im Kreis von Jugendlichen erlebt hat, kennt den anderen Charakter der Grundstimmung in Richtung einer offenen Hingabe, einer freudigen Leichte und einer selbstlosen Wachheit in den Sinnen.

So wird die Altersstruktur einer Gemeinde sehr mitentscheiden, ob die Neu-Konfirmierten genügend Seelenraum finden, um sich einzufügen, zu beheimaten und die Weiterentwicklung der Gemeinde im Sinne eines andauernden Werdens mitzugestalten. Sie werden in der Weihehandlung ihre geistige Heimat finden können, wenn sie dieser seelischen Offenheit begegnen und die Gemeinde im ganzen »unterwegs« ist, wie der Jugendliche selbst.

Mit der Konfirmation lernt der Konfirmierte das christliche Bekenntnis kennen. Nach der Verkündigung des Evangeliums und einer kleinen Predigt innerhalb der Menschenweihehandlung wird es am Altar gesprochen. So dringt es erstmalig als lebendig gesprochenes Wort an sein Ohr. Wenn aber mit der ersten Kommunion gerade der neue Lebensschritt der Christwerdung beginnt – ist er dann schon in der Lage, dieses Bekenntnis der Gemeinschaft der Christen zu seinem eigenen zu machen?

Das evangelische Kirchenlexikon II, S. 896, berichtet:

»Die Konfirmation ist eine gottesdienstliche Handlung, in der die Gemeinde von ihren schon kurz nach der Geburt getauften und nunmehr in der Lehre der Kirche unterwiesenen Kindern das Bekenntnis des christlichen Glaubens entgegennimmt ...«[19]

Lehrt nicht schon die Erfahrung, daß damit für die Kinder oft die Konfirmation bereits den Abschied von der Kirche mitbewirkt, statt daß der lebendige Zusammenhang mit Wort und Sakrament erneuert, bekräftigt und gestärkt wird?

Der Jugendliche lernt sich »einhören« in das Bekennt-

19 zitiert nach Friedrich Kalt, Grundriß der Liturgik, München 1965, S. 228.

nis. Gelingt die regelmäßige Teilnahme an der Menschenweihehandlung, dann trägt er den Wortlaut und Wortleib eines Tages formkräftig in sich. Inzwischen wächst er heran und reift der Mündigkeit entgegen. (Wir sind allerdings der Ansicht, daß die Mündigkeit entsprechend der Lebensrhythmik und Lebensreife erst mit etwa 21 Jahren eintritt. Die politisch motivierte Vorverlegung auf das 18. Lebensjahr ist ein Unglück, das nur in einer Zeit geschehen konnte, die nicht mehr über ein tragendes Menschenbild verfügt.)

Die Christengemeinschaft erwartet und erhofft, daß der urteilsfähige und mündige Erwachsene noch einen bewußten Schritt tut, der zur Aufnahme in die Gemeinde führt. Er kann dann einen Priester um die Gespräche bitten, die zur Mitgliedschaft in der Gemeinde führen können. Damit ergibt sich ein Dreischritt, der die Entfaltung des Lebens begleitet und in einem inneren Zusammenhang mit den jeweiligen Sakramenten steht.

Die Aufnahme des Täuflings durch das Sakrament der Taufe in die Gemeinde des Christus Jesus; die Aufnahme des Konfirmanden durch das Sakrament der Konfirmation in die Kommunionsgemeinschaft; die Aufnahme des Herangewachsenen in die auf Erden geistig-religiös, menschlich-rechtlich und brüderlich-wirtschaftlich gegliederte Sakramentsgemeinschaft, die sich um die Menschenweihehandlung schart.

Das Mitglied wird dann Glied in dem Organismus der Gemeinde und trägt damit alle Aufgaben mit, die durch die sieben Sakramente für die Menschen, die Elemente und die Erde im Dienste des Auferstandenen empfangen werden. Dazu mag auch gehören, einmal jährlich in der Osterzeit helfend das Sakrament der Konfirmation für Jugendliche mitzutragen und damit den folgenden Jahrgängen junger Menschen Stärkung und Rückhalt zu geben – aber auch den konfirmierenden Prozeß für sich selbst lebendig zu erhalten.

Die Taufe und die Konfirmation gehen auf einen freien Entschluß der Eltern zurück. Die Mitgliedschaft als Ausdruck der vollen und mitverantwortlichen Zugehörigkeit bedarf des eigenen Urteils und der eigenen Lebensentscheidung. In dem Maße, wie der Mensch aus der Phase der Fähigkeitsschulung durch Schule, Lehre und Ausbildung in das Berufsleben, in die soziale Verantwortung, eintritt, wird auch die selbstlose Haltung heranreifen können, in einer Gemeinde am weltverwandelnden Auftrag des Christentums mit eigenen Kräften mitzuwirken.

Die Konfirmation und der Heilige Geist

Von alters her wird in der Tradition – besonders der katholischen Kirche – das Sakrament der Konfirmation mit dem Heiligen Geist verbunden. Es wird als Fest des Geistes und der Vermittlung seiner Gaben gefeiert.

In der Christengemeinschaft trägt die Konfirmation ganz österlichen Charakter. Aber sie zielt durch die Folge der Festzeiten Ostern – Himmelfahrt – Pfingsten auf die Sphäre des Heiligen Geistes hin.

Wird der begleitende Religionsunterricht voll erteilt, dann mündet er in diesem Alter mit der Konfirmation in die Darstellung der Taten der Apostel, der Apostelgeschichte, ein und damit des Pfingstereignisses. Dieses ist mit der Ausgießung des Heiligen Geistes Anfang und Voraussetzung der geistigen Wirksamkeit der Apostel.

Weisen die Evangelien Spuren der Konfirmation auf? Gab es so etwas in den ersten Tagen der Christenheit? Und wie war die Beziehung zum Heiligen Geist?

Zunächst weisen die Evangelien auf die Taufe mit dem Heiligen Geist hin. Die Taufe von Johannes dem Täufer war noch eine reine Wassertaufe. Sie bewirkte durch das Untertauchen eine Art von Entrückung. Er selbst weist aber in seiner Verkündigung unmittelbar auf die Feuertaufe als die Taufe mit dem Heiligen Geist hin (Matthäus 3,11; Lukas 3,16; Markus 1,8; Johannes 1,33).

In der Apostelgeschichte kehrt dieses Täuferwort als Wort des Auferstandenen wieder. Zuerst taucht es in den Unterweisungen während der 40 Tage zwischen Ostern und Himmelfahrt auf (Apostelgeschichte 1,5). Dann zitiert es Paulus, als er sich wegen der Taufe des Cornelius und seines Hauses rechtfertigen muß (Apostelgeschichte 11,16):

»Johannes hat mit Wasser getauft, ihr aber sollt mit dem Heiligen Geiste getauft werden.«

Ist damit angedeutet, daß im apostolischen Zeitalter zum Sakrament der Taufe, das mit Wasser vollzogen wurde, ein regelrechter zweiter sakramentaler Vollzug, die Feuer- oder Geisttaufe hinzugefügt wurde?

Die Apostel hatten die Erfüllung der Verheißung am Morgen des 50. Tages nach Ostern – zu Pfingsten – erlebt. Diese Feuertaufe mit dem Heiligen Geist war jedoch ohne Vermittlung eines taufenden Menschen unmittelbar eingetreten (Apostelgeschichte 2 ff.).

Der Diakon Philippus wirkte in Samarien so erfolgreich, daß sich viele taufen ließen, darunter auch Simon Magus. Später kommen Petrus und Johannes dort hin. Sie beten über den von Philippus mit Wasser Getauften, »daß sie den Heiligen Geist empfangen«, und vollziehen an ihnen eine Handauflegung, durch die sie tatsächlich den Heiligen Geist empfangen. Zwei Taufakte – vollzogen durch verschiedene Persönlichkeiten – sind damit deutlich voneinander unterschieden. Auf die Wassertaufe folgt nach einiger Zeit ein zweites Sakrament, das durch Gebet und Handauflegung bewirkt wird: die Taufe mit dem Heiligen Geist (Apostelgeschichte 8,17).[20]

Cyprian († 258) sagt im Hinblick auf diese Stelle der Apostelgeschichte (8,14 ff.): »Dies geschieht auch noch jetzt bei uns. Diejenigen, die in der Kirche getauft werden, bringt man vor die Vorsteher der Kirche (– Bischöfe –), und durch unser Gebet und unsere Handauflegung empfangen sie den Heiligen Geist, und durch das Siegel des Herrn werden sie vollendet« (Ep. 73,9).

Tertullian schreibt in seiner Schrift »Über die Taufe« (ca. 205 n. Chr.)[21], daß nach dem Heraussteigen aus dem Bade der Taufe »die Handauflegung folgt, womit durch einen Segensspruch der Heilige Geist herbeigerufen und eingeladen wird«. In der Taufe sieht er eine Vorbereitung auf den Empfang des Heiligen Geistes: »Nicht, daß wir im Wasser den Heiligen Geist erlangten, sondern wir werden im Wasser... gereinigt und für den Heiligen Geist vorbereitet« (De bapt. 6).

Das Motiv der Geisttaufe tritt dann im Fortgang der Apostelgeschichte zunächst zurück. In Ephesus trifft Paulus in dem Kreis um Apollos auf Menschen, die bereits die Wassertaufe empfangen haben. Er fragt sie, ob sie auch schon den Heiligen Geist empfangen hätten. Sie wissen aber noch gar nicht, was das ist. Dann vervollständigt er den Sakramentsvollzug durch die Handauflegung, und die Wassertaufe mündet sogleich in die Geisttaufe ein (Apostelgeschichte 19,1–7). Hier erscheint der Geist unmittel-

20 Ernst Haenchen, Die Apostelgeschichte, Göttingen, 1977^{7}, S. 294.

21 Tertullian, De baptismo, C 8, Köln 1882.

barer mit der Taufe verbunden als in der Cornelius-Geschichte.

So scheint deutlich zu sein: In der Zeit des Urchristentums gab es bereits – begleitet von einer Handauflegung – ein zweites, auf die Taufe mit Wasser folgendes Sakrament, das die Feuertaufe im Inneren des Betreffenden bewirkte. Es handelt sich wohl um die früheste Form der confirmatio als eines Sakramentes des Heiligen Geistes und die Fortpflanzung und Fortwirkung des Pfingsereignisses.

Damit hat dieses Sakrament auch im besonderen mit dem Geist der Gemeinschaft der Christen zu tun. Die griechische Kirche benutzt geradezu als Formel der Konfirmation wenigstens seit dem 5. Jahrhundert: »Siegel des Geschenkes des Heiligen Geistes«.

In der Christengemeinschaft wird der Zusammenhang der Konfirmation mit dem Heiligen Geist durch die Organe der Gemeinschaft kultisch dargestellt. Über die Ortsgemeinde hinaus, in deren Mitte die Sonntagshandlung für die Kinder und der Religionsunterricht gepflegt werden, erscheint mit dem Feiern dieses Sakramentes ein übergeordneter Zusammenhang. Das Zelebrieren der Konfirmation ist mit dem Amt des Lenkers verbunden. Das Zeichen seines Amtes erscheint im Kultus als ein Kragen, der auf die Schulter gelegt und in der jeweiligen Farbe der Festzeit getragen wird. Der Lenker verantwortet in einer Lenkerschaft den Zusammenhang einer Reihe von Gemeinden. Er ist Repräsentant der Hierarchie – der heiligen Ordnung der Gemeinschaft, die vom Heiligen Geist gestiftet und immer neu belebt wird.

So begegnet der Konfirmand bei der Konfirmation mit dem Sakrament dem Lebenszusammenhang der Christengemeinschaft im Ganzen.

Nachwort

Der Leser hat an dem Versuch des Autors teilgenommen, die Idee und den Vollzug des Sakramentes der Konfirmation darzustellen. Die Idee wurde nach Möglichkeit zu Lebensidealen erweitert.

Dem Verfasser ist die Wirklichkeit des Jugendlichen und der Welt, in der dieser heranwächst, in den letzten Jahrzehnten des 20. Jahrhunderts vertraut. Er hat selbst als Konfirmand der Christengemeinschaft, unfreiwilliger Hitler-Junge, Luftwaffenhelfer am schweren Geschütz, Soldat in langer sowjetischer Gefangenschaft seine Jugend in diesem 20. Jahrhundert gelebt. Er kennt auch die Problematik heutiger Familienverhältnisse und ist selbst Vater mehrerer Kinder.

Er möchte es aber gern mit Goethe halten, der einmal sagte: »Wenn wir die Menschen nur nehmen, wie sie sind, so machen wir sie schlechter; wenn wir sie behandeln, als wären sie, was sie sein sollten, so bringen wir sie dahin, wohin sie zu bringen sind.«

So ist immer der ideale Bereich mit diesen Zeilen angestrebt worden, auf den hin eine Erziehung und Führung der Konfirmanden möglich ist. Manches ist Zukunft, und manches wird nicht gelingen.

Mögen aber diese Zeilen dabei helfen, Jugendliche tiefer mit der lebendigen Kraft des Christentums zu verbinden.

Am Anfang des 3. Jahrtausends findet die neue Auflage ihre Leser. Der Autor ist dankbar für kritische Anregungen zugunsten der Konfirmanden.